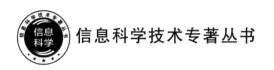 

信息科学技术专著丛书

车联网无线接入关键技术

何欣欣　编著

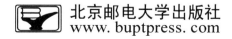

北京邮电大学出版社
www.buptpress.com

内 容 简 介

近年来,车联网被认为是物联网体系中产业潜力很大、市场需求很明确的领域,是信息化与工业化深度融合的重要方向,具有应用空间广、社会效益强的特点。随着5G/B5G技术的逐步应用,各种关键技术围绕着车联网智能化和网联化形成融合,技术不断发展和变革,推动车联网服务生态逐步升级,并最终实现能替代人操作的完全自动驾驶。本书结合作者多年来在该领域的研究成果和相关技术的发展现状,介绍了车联网的系统架构、标准体系和物理层理论基础,并且深入探讨了sub-6GHz频段和毫米波频段的资源分配机制和性能,最后叙述了C-V2X应用技术的发展趋势和挑战。

本书可作为车联网无线接入技术领域的科研参考书。

图书在版编目(CIP)数据

车联网无线接入关键技术 / 何欣欣编著. -- 北京:北京邮电大学出版社,2022.8
ISBN 978-7-5635-6694-5

Ⅰ. ①车… Ⅱ. ①何… Ⅲ. ①汽车-无线接入技术-接入网 Ⅳ. ①U469-39

中国版本图书馆CIP数据核字(2022)第140156号

策划编辑:姚 顺 刘纳新　　责任编辑:王小莹　　责任校对:张会良　　封面设计:七星博纳

出版发行	:北京邮电大学出版社
社　　址	:北京市海淀区西土城路10号
邮政编码	:100876
发 行 部	:电话 010-62282185　传真:010-62283578
E-mail	:publish@bupt.edu.cn
经　　销	:各地新华书店
印　　刷	:唐山玺诚印务有限公司
开　　本	:787 mm×1 092 mm　1/16
印　　张	:9.75
字　　数	:160千字
版　　次	:2022年8月第1版
印　　次	:2022年8月第1次印刷

ISBN 978-7-5635-6694-5　　　　　　　　　　　　　　　　　　　　　　　定　价:39.00元

・如有印装质量问题,请与北京邮电大学出版社发行部联系・

前　言

随着汽车保有量的高速增长,新场景、新技术的引入推进车联网从仅支持车载信息服务的传统车联网向支持车联一切(V2X)服务的下一代车联网发展。本书围绕 5G/B5G 大容量、高可靠、低时延等关键性指标,结合不同阶段 V2X 技术的互通和演进需求,基于 sub-6GHz 频段的 C-V2X 直连通信架构,在提高基础安全业务传输可靠性的基础上,综合考虑车辆高速移动性和毫米波信号阻挡效应的影响,进一步研究面向自动驾驶信息交互共享的毫米波传输机制。本书结合作者在车联网无线传输领域的研究积累和该领域近年来的发展状况,介绍了车联网相关背景知识和理论基础,并针对其中的新型传输协议展开探讨,最后展望了未来的技术发展趋势。本书内容为 5G/B5G 技术的发展、标准的制定和应用提供了理论基础和技术支持,可作为车联网无线接入技术领域的科研参考书。

本书共包括 7 章。第 1 章为绪论,概述了车联网的全球发展态势和关键技术研究的国内外现状。第 2 章为车联网的架构体系、应用场景及标准体系,第 3 章为物理层关键技术,这两章介绍了本书涉及的背景知识和技术基础。如果读者已了解过该部分内容,可以忽略这两章或将其作为回顾内容。第 4 章为 C-V2X 分布式资源分配机制,分析了分布式资源选择冲突对传输可靠性的影响,设计了基于短期侦听辅助的资源分配机制,此机制降低了 C-V2X mode 4 的资源冲突,并且能够支持 5G 非周期性业务的可靠传输。第 5 章针对 C-V2X 分布式机制仍然存在的资源选择冲突问题,设计了 C-V2X 基于分簇的半分布式资源分配机制,进一步减少了分布式机制无法避免的资源选择冲突问题,提高了基础安全业务传输的可靠性。第 6 章为车载毫米波通信技术,分析了 sub-6GHz 和毫米波联合调度的传输机制，探索了多频谱在车辆高速移动场景中多信道在频率域上参数的变化规律和相关性，并结合毫米波信道的稀疏特性，研究了低复杂度快时变信道估计和波束对准与追踪。联合调度机制可充分发挥多频段技术各自的优势，动态适配车辆用户不同的服务质量需求，同时可克服毫米波传输的链路阻挡影响，进一步提高网络频谱效率。第 7 章为 C-V2X 应用技术的发展趋势和挑战，阐述了 C-V2X 未来的发展趋势及其在自动驾驶和智能交通系统中面临的技术难题。

郝建军、于聪卿、李殿昂、戚璇和杨昕烨在本书的编写过程中给予作者很大的帮助和支持，在此表示感谢。由于作者水平有限，加之时间仓促，书中难免出现错误和不妥之处，恳请读者给予批评指正。

作　者

目 录

第1章 绪论 ·········· 1

1.1 车联网的发展背景 ·········· 1
1.2 车联网的全球发展态势 ·········· 5
 1.2.1 车联网资源分配机制研究现状 ·········· 5
 1.2.2 毫米波车联网资源分配机制研究现状 ·········· 9
1.3 本书章节安排 ·········· 11
本章参考文献 ·········· 12

第2章 车联网的架构体系、应用场景及标准体系 ·········· 20

2.1 车联网的架构体系 ·········· 21
2.2 车联网的典型应用场景 ·········· 22
2.3 技术与标准化进展 ·········· 24
 2.3.1 IEEE 802.11p 技术与标准 ·········· 24
 2.3.2 C-V2X 技术与标准 ·········· 27
本章小结 ·········· 31
本章参考文献 ·········· 31

第3章 物理层关键技术 ·········· 33

3.1 LTE-V2X 物理层关键技术 ·········· 33

3.1.1　LTE-V2X 物理信道和信号设计 …………………………………… 33
　　　3.1.2　时隙结构 ……………………………………………………………… 37
　3.2　5G NR-V2X 物理层关键技术 ………………………………………………… 37
　　　3.2.1　5G NR-V2X 物理信道和信号设计 ………………………………… 38
　　　3.2.2　侧向链路的时隙结构 ………………………………………………… 43
　　　3.2.3　侧向链路的同步设计 ………………………………………………… 44
　　　3.2.4　侧向链路 CSI ………………………………………………………… 48
　　　3.2.5　侧向链路 HARQ 操作 ……………………………………………… 49
　　　3.2.6　侧向链路功率控制 …………………………………………………… 49
　3.3　无线传播环境信道建模 ………………………………………………………… 50
　本章小结 …………………………………………………………………………………… 59
　本章参考文献 ……………………………………………………………………………… 59

第 4 章　C-V2X 分布式资源分配机制 …………………………………………… 63

　4.1　系统模型 ………………………………………………………………………… 63
　4.2　C-V2X mode 4 的性能分析 …………………………………………………… 67
　4.3　基于短期侦听辅助的分布式资源分配机制 …………………………………… 73
　4.4　STS-RS 机制的性能分析 ……………………………………………………… 75
　4.5　仿真与数值分析 ………………………………………………………………… 77
　本章小结 …………………………………………………………………………………… 84
　本章参考文献 ……………………………………………………………………………… 85

第 5 章　C-V2X 基于分簇的资源分配机制 ……………………………………… 86

　5.1　基于分簇的通信场景模型 ……………………………………………………… 86
　5.2　簇的生成和维护 ………………………………………………………………… 87
　　　5.2.1　关键指标的定义 ……………………………………………………… 88

目 录

  5.2.2 初始角色的判定 ·············· 90

  5.2.3 簇的维护过程 ················ 91

 5.3 基于分簇的资源集选择方法 ············ 94

  5.3.1 基于资源集的能量检测 ············ 94

  5.3.2 自适应资源集复用阈值的设计 ········ 95

 5.4 分簇通信的帧结构设计 ·············· 96

 5.5 不同簇之间合并冲突资源管理方案 ········ 98

 5.6 基于分簇的资源分配机制的 PDR 性能分析 ····· 100

  5.6.1 周期业务的 PDR 分析 ············ 101

  5.6.2 非周期业务的 PDR 分析 ··········· 104

 5.7 仿真与性能分析 ················ 105

 本章小结 ···················· 114

 本章参考文献 ··················· 114

第 6 章 车载毫米波通信技术 ············· 115

 6.1 毫米波的传播特性 ················ 115

 6.2 车载毫米波网络通信挑战 ············· 116

 6.3 毫米波与 sub-6GHz 协同无线接入技术与资源管理 ··· 120

  6.3.1 多频段协同接入网络功能架构 ········ 120

  6.3.2 基于信道模型的无线接入传输理论分析 ···· 123

  6.3.3 基于 3D 射线追踪的多频段信道相关性建模与分析 ··· 127

  6.3.4 车辆高动态场景中毫米波快时变波束对准与追踪 ··· 129

  6.3.5 面向不同业务 QoS 需求的高谱效多频段资源协同调度 ··· 135

 本章小结 ···················· 139

 本章参考文献 ··················· 139

第 7 章　C-V2X 应用技术的发展趋势和挑战 …………………………… 143

7.1　发展趋势 ………………………………………………………… 143
7.2　挑战 ……………………………………………………………… 144
本章参考文献 ……………………………………………………………… 147

第1章 绪 论

1.1 车联网的发展背景

近年来,车联网被认为是物联网体系中很有产业潜力、市场需求很明确的领域,是信息化与工业化深度融合的重要方向,具有应用空间广、产业潜力大、社会效益强的特点。通信技术的发展促进智能交通系统(Intelligent Transportation System,ITS)通过监测驾驶行为,实现车辆之间(Vehicle to Vehicle,V2V)、车辆和路边基础设施之间(Vehicle to Infrastructure,V2I)、车辆与人之间(Vehicle to Pedestrian,V2P)以及车辆与网络之间(Vehicle to Network,V2N)的相互通信,这些统称为C-V2X技术。C-V2X技术可实现车与车、路、人、网的全方位连接,提升汽车智能化程度和自动驾驶能力,构建汽车和智能交通服务新业态。

车联网的关键技术分布在"端—管—云"3个层面,总体技术路线向着智能化、网联化方向演进,两条路线同步推进并走向融合。车联网技术目前已经可以支持多项基本主动安全通信应用,如交叉路口违规警告应用(V2I/I2V的应用)、电子制动警告、相向车辆警告、车辆稳定性警告、并线警告等V2V应用,以及车道上行人警告等V2P的应用。随着汽车智能化程度和自动驾驶能力的不断发展和升级,更多更复杂的传感器将被纳入新型汽车中,包括车载雷达、视觉摄像头和激光雷达(LIDAR)等基于多项高级服务的复杂传感器。智能交通自动驾驶系统运行的安全性、稳定性、可靠性依赖系统对运行环境的感知和理解程度。然而,传感器技术的一个主要挑战是有限的感知范围和能力与高质量全方位自动驾驶感知需求的矛盾,这样无法确保安全有效的自动驾驶。车载雷达、LIDAR 和摄像机等只能探测传感器视线范围内的环境信息,并且在恶劣天气下受到的影响很大,这限制了以更高安全为目的的智能车辆自动化驾驶的发展。因此,亟需先进的支持自动驾驶安全应用的网联技术,将不同车辆之间以及车辆和路边单元(RSU)之间原始传感器数据共享互联,实现更全面、实时、精准的协同感知效果,推动智能网联汽车实现全自动无人驾驶的应用。

作为智能汽车网联技术,全球范围车联网无线通信技术还没有形成规模化商用部署。国家发展和改革委员会和交通运输部在发布《推进"互联网+"便捷交通 促进智能交通发展的实施方案》中提出要加快车联网建设,提供无线接入互联网的公共服务,以及建设基于下一代互联网和专用短程通信(LTE-V2X、DSRC等)的道路无线通信网。目前两个国际主流技术体系都在积极推动车联网无线通信技术的研发、测试和示范。一方面,基于专用短程通信(DSRC)的 IEEE 802.11p技术在 IEEE(电气和电子工程协会)于 2010 年完成标准化工作,该技术支持车辆在 5.9 GHz 专用频段进行 C-V2X 的直连通信,能够支持的最大数据速率为 27 Mbit/s。另一方面,由 3GPP 主导推动的 C-V2X(包含 Release 14/15 LTE-V2X 和向后演进的面向新空口的 NR-V2X 技术)是基于 4G/5G 蜂窝网通信技术演进形成的 C-V2X 技术,定义了两种互补的传输模式:①基于传统的蜂窝网上、下行链路 Uu 接口的信息传输,车辆、RSU(路边单元)等终端通过上行链路将 C-V2X 业务信息传输给基站,基站将收集到的多个车辆的业务信息通过下行链路广播给覆盖范围内的所有车辆,主要适用于延迟容忍等远程信息处理或娱乐信息应用,最大数据速率为 100 Mbit/s;②基于侧向链路(sidelink,即 PC5 接口)实现设备间的直连通信,业务信息无须通过基站中转,主要适用于短距离主动安全低延迟应用,最大数据速率为 44 Mbit/s[1]。直连通信不依赖基站的覆盖能力,当车辆处于蜂窝网络覆盖下时,基站可以为车辆提供信令传输,如参数配置、资源调度等,业务数据信息通过车辆间直接通信模式传输,当车辆没有在蜂窝网络覆盖下时,车辆之间的(信令、数据)直接通信也能进行,具有更高的传输可靠性。Release 14/15 LTE-V2X 由大唐、华为等中国企业牵头推动,分别于 2017 年 3 月和 2018 年 6 月正式发布。2018 年 11 月,工业和信息化部正式发布《车联网(智能网联汽车)直连通信使用 5905-5925MHz 频段的管理规定(暂行)》[2],标志着我国 LTE-V2X 正式进入产业化阶段。

在未来的车联网自动驾驶应用中,对自动驾驶网联技术上提出了 Gbit/s 级的数据速率、毫秒级(<10 ms)的时延和 99.999% 的可靠性等要求。有报告表示,在 2017 年支持自动驾驶车载传感器的数量约 100 个,并且随着技术需求在不断增长[3]。Google 的无人驾驶车每秒可以生成高达 750 MB 的传感数据[4],甚至有些研究预测具备自动驾驶功能的车辆每秒单程就可产生高达 1 TB 的数据[5]。目前 5G-PPP 对自动驾驶中扩展传感器场景的典型数据类型、数据速率等技术需求参数进行了说明。然而,无论是 IEEE 802.11p 技术还是 LTE-V2X 技术,基于有限的频谱资源,都无法满足自动驾驶传感数据交互高达 Gbit/s 级数据速率的通信需求。因此,需要探索新的频谱资源,研究新的通信技术,以更好地为自动驾驶应用提供可行性技术。

毫米波(mmWave)技术随着 5G 技术的研究,得到了汽车工业界和学术界广泛的关注,毫米波频段(30～300 GHz)丰富的频谱资源使其成为实现超高数据速率的重要候选者[6,7]。3GPP RAN 于 2018 年 6 月完成面向 5G-V2X 应用例的评估方法研究,确定不同地区 6 GHz 以上频谱的法规要求、设计考虑,其至少包括 63～64 GHz 和 76～81 GHz。近年来,很多国家在 60 GHz 毫米波频段附近划分了免许可即可使用的频谱资源,并形成了一系列主要应用于个域网的标准。其中比较有代表性的 IEEE 802.11ad 在非授权 60 GHz 频段使用 2.16 GHz 的带宽,可支持室内高达 7 Gbit/s 的数据速率[8]。毫米波高速率传输可以支持协同感知扩大自动驾驶车辆传感器的探测范围,克服视线限制和盲区问题,实现全面实时精准的感知效果。此外,毫米波的毫米级波长(1～10 mm)可以使得大量天线集成到小空间中,因此,大规模天线波束成形技术在毫米波中得到了很好的应用,波束成形技术通过空分多址(SDMA)实现并行传输,减少了干扰,提高了频谱利用率。然而,毫米波的低穿透能力和波束对准的复杂开销,使得毫米波通信技术在自动驾驶网联应用中面临了新的挑战:①毫米波阻挡效应使得密集环境下高可靠传输变得困难,毫米波的高路径损耗、低穿透能力传播特性使得通信链路易受到障碍物阻挡而导致信号(信令、业务数据)传输中断,并且定向传输的耳聋问题也会导致产生严重的传输资源选择冲突,无法满足自动驾驶高可靠性需求。②车辆高速移动性导致更加严峻的毫米波波束对准问题。毫米波大规模天线阵列通过波束成形技术获得了空间复用增益,同时补偿了高路径损耗[通过波束成形技术的定向传输可以达到超过 130 m(385 Mbit/s)/79 m(2 Gbit/s)的传输范围[9]]。但是,高速移动的影响使得高可靠快速波束对准和跟踪变得困难,巨大开销和延迟将严重影响系统传输性能。

根据我们的调研,目前毫米波技术在 5G-V2X 中的研究主要聚焦在应用例和业务能力的评估(3GPP 目前达成的初步共识是未来 NR-V2X 技术与 LTE-V2X 技术并存,基础 C-V2X 业务由 LTE-V2X 支持,NR-V2X 提供增强 V2X 业务能力[10])。在具体的传输协议设计和理论研究方面仍有众多问题亟待解决。在现有低频(6 GHz 以下)直连通信无线接入关键技术中,Release 14/15 LTE-V2V 采用基于能量检测的半持久调度的资源分配机制,虽然在资源利用率和可靠性方面,相比于 IEEE 802.11p 基于 CSMA/CA 的竞争接入机制具有优势,但是无法适用于非周期性触发业务,无法全面保障自动驾驶的高可靠传输。此外,基于 IEEE 802.11p 和 LTE-V2X 等系列研究主要是面向低频的全向天线传输,无法支持毫米波基于波束成形技术的定向传输模式。另外,在毫米波 IEEE 802.11ad 系列研究中基于定向竞争和分层波束扫描的传输机制具有较大的接入延迟,无法支持车辆高速移动下的快速波束对准与切换,并且未考虑在交通环境下信号易受障碍物阻挡而导致的控制信令和数据信息传输中断问题,无法保障自动驾驶的高可靠传输。

基于此,车联网的发展需要围绕大容量、高可靠、低时延等关键性指标,结合不同阶段 C-V2X 技术的互通和演进需求,在提高 C-V2X 基础安全业务传输可靠性的基础上,综合考虑车辆高速移动性和毫米波信号阻挡效应的影响,深入探索面向自动驾驶信息交互共享的可靠传输机制和毫米波阻挡效应管理的资源分配策略,以及支持链路可靠持续性的快速波束对准和跟踪方案。

1.2 车联网的全球发展态势

目前车联网直连通信两大主流技术体系为 IEEE 802.11p 和 C-V2X〔包括两个阶段:LTE-V2X(Release 14/15 和 NR-V2X(Release 16))〕,5GAA 从物理层设计、MAC 层调度等方面对它们进行了技术对比[11],分析表明 LTE-V2X 直连通信系统在资源利用率、可靠性和稳定性方面具有理论优势。2018 年 4 月在 5GAA 华盛顿会议,福特发布与大唐、高通联合测试的结果,在相同的道路测试环境下,通信距离在 400 m 和 1200 m 之间时,LTE-V2X 直连通信系统的误码率明显低于 DSRC(IEEE 802.11p)系统的,且其可靠性高于 IEEE 802.11p 的。考虑未来更高等级的自动驾驶需求,3GPP SA1 定义了面向 5G 的增强的四大类 V2X 业务需求场景,同时基于业务大带宽的需求,3GPP RAN 设计启动了基于毫米波频段的 C-V2X 研究。3GPP 目前达成的共识是未来面向新空口的 NR-V2X 技术与 LTE-V2X 技术并存,基础 C-V2X 业务由 LTE-V2X 进行接收或发送,NR-V2X 提供增强 C-V2X 业务能力。

本节按照车联网发展路线,分别将 6 GHz 频段以下和毫米波频段的车联网无线接入传输机制的相关成果进行分类叙述,并且将保障通信链路可靠持续的毫米波波束对准和跟踪技术现状进行具体阐述,探讨支持全自动驾驶高可靠低时延的可行性机制和相关技术。

1.2.1 车联网资源分配机制研究现状

目前车联网(5.9 GHz 频段)直连通信接入机制主要基于全向天线,分为基于竞争和无竞争两大类，如图1-1所示。

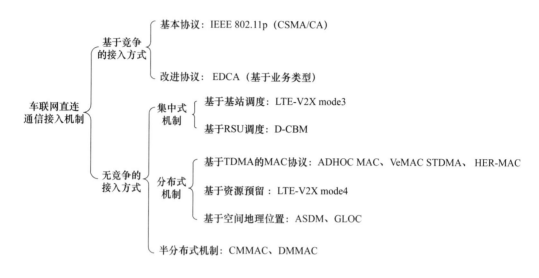

图1-1　车联网直连通信接入机制研究现状

基于竞争的接入方式主要依靠载波监听、退避来减少冲突，且目前的车联网接入协议大多都是在基于竞争的IEEE 802.11p[12]基础上进行的一些修订和扩展。主要基于CSMA/CA协议，各节点以分布式的方式竞争接入信道，这些机制较简单，但存在较严重的隐藏终端、暴露终端问题，这会导致资源选择冲突问题，同时，在高密度车辆环境中更容易引起冲突，产生资源分配不公平和接入时延较长等问题。作者所在项目组在已发表的论文（本章参考文献[13]和[14]）中，对基于IEEE 802.11pMAC协议的车联网网络容量做了理论分析，并通过系统仿真验证理论值的合理性，结果表明在瑞利衰落信道下网络传输容量的上界理论值为平均1 km道路能够容纳4（上取整）通信传输对（全向广播，参数值取IEEE 802.11p中的规定值），无法支持未来车联网网络大容量通信的需求。因此，有学者研究无竞争的接入方式，以减少资源选择冲突。

无竞争的接入方式可依据其协调模式分为分布式机制、半分布式机制和集中式机制。集中式机制可以通过中央单元，如路侧单元（RSU）或基站通过将传输资源分配给车辆来避免冲突，但是增加了控制信道的开销和关联或授权过程的延迟。在LTE-V直连通信模式mode 3中[15]，基站为其覆盖范围内的车辆提供传输参数和资源调度。在节点密度较高的情况下资源调度十分复杂,且车辆安全信息的传输不能仅依靠基站的调度。本章参考文献[16]研究了LTE架构下基于分簇的资源分配机制,提出了基于着色理论的eNodeB簇间资源分配算法。eNodeB以簇为单位进行资源分配,考虑簇的移动性,对簇的邻接进行预测,进而进行合理的资源空间复用,提高资源的利用率。本章参考文献[17]中提出的D-CBM MAC协议以RSU作为协调点收集簇头的信息,簇头通过TDMA的方式给成员分配资源。以上机制都完全依赖基站的调度,在无基站覆盖的场景下将产生传输中断,无法保障节点间信息传输的可靠性。

此外,车辆可以采用自主协调模式,不依赖基站的覆盖范围,采用分布式机制实现无竞争接入,每个节点占据相应的时隙资源。本章参考文献[18]中ADHOC MAC协议采用一种时隙结构,将时隙划分到虚拟帧中。节点通过收集其他节点广播的时隙占用情况来选择自己的时隙。这种方法可以保证每个节点在每个虚拟帧中至少访问一次通道,适用于非延迟容忍的应用程序,但在高移动场景下存在合并冲突(merging collision)的问题。Omar等人提出VeMAC协议[19],对不同行驶方向的车辆划分不同的时隙集合,以解决合并冲突的问题。自组织时分多址(STDMA)协议[20]将时间分为固定期限的帧,每个帧分为大小相同的时隙。STDMA协议不需要对全局帧同步,只需要实现时隙同步。这种自组织的无竞争接入方式虽然可以减少资源选择冲突,但在节点密度较低时存在资源浪费的情况。除此之外,节点可以通过预留的方式,实现无竞争的接入方式。本章参考文献[21]提出一种混合式高效可靠的MAC层协议(HER-MAC),该协议允许车辆节点在控制信道的预留时隙无竞争地发送安全信息,在控制信道间隔利用服务信道资源传输非安全消息,提高了安全消息的可靠性和服务信道的利用率。LTE-V2X mode 4[22]采用基于能量检测的半持久资源调度。车辆通过解码和能量检测进行资源排除,对剩下的资源排序,在干扰最小的20%的资源中随机选择一个作为最终的资源。LTE-V2X的资源选择方式只适用于周期性的业务,而且在节点密度较高时仍存在较大的资源选择冲突。作者所在项目组已经对LTE-V2X mode 4的资源调度协议进行了理论分析[23],结果表明其在密集环境或非周期业务下仍然存在着资源选择冲突,网络容量受限。于是针对 LTE-V2X mode 4 存在的资源选择冲突问题,作者所在项目组分别研究了 5G-V2X 基于短期监听的资源选择和基于车辆调度的资源选择方案,并已经提交两个发明专利的申请且已受理[24-25],而且发表了会议论文[26]。此外,有学者考虑通过空间地理位置划分实现无竞争的接入,自适应空分复用(ASDM)[27]协议将道路区域匹配到不同的时隙资源,每个道路区域中最多只存在一个车辆节点,车辆可以使用前方空闲区域的资源以避免资源浪费。在本章参考文献[28]和[29]中,道路划分区域被匹配到正交的频域资源,考虑了单车道划分和多车道划分的不同情况。这种基于空间地理位置划分的接入方式可以有效地避免资源选择冲突,但是此方法是以车身长度来划分道路区域,对定位精度的要求极高,并且不同道路的微小区域的划分起止点以及划分规则在实际应用中存在很大的问题。

由此,在高节点密度的场景下,现有基于基站的集中式资源调度算法的复杂度较高,并且车辆的高速移动性带来的相邻基站之间频繁切换问题会影响传输可靠性,而分布式机制在节点密集情况下仍然存在着较大的资源选择冲突。近期,半分布式机制在资源的选择和调度方面的优势引起了很多学者的关注。在半分布式车辆自组织网络中,无须考虑基站或者 RSU 覆盖范围的影响(在一般情况下,若有 RSU 覆盖,则 RSU 可以竞争成为簇头,即基站类型的 RSU 可以选择成为车辆类型的 RSU),车辆与周围节点成簇,并由簇头调度簇内成员的资源分配。现有的分簇算法主要依赖车辆间周期性交换的状态信息,本章参考文献[30]~[33]研究了基于权值的簇头选择算法,每辆车根据接收的邻居节点的状态信息计算一个权值,作为簇头判断的指标,权值最高的车辆将充当邻近车辆中的簇头。一般而言,该权值可与网络指标(即连通度和链路寿命等)和移动指标(即移动方向、相对速度和加速度等)相关。此类成簇算法需要收集周围节点的状态信息,具有较大的开销和时延。基于最小 ID 的分簇算法[34]选择具有最小 ID 的节点作为簇头节点,该算法只需周期性地获得周围节点的 ID 并更新簇头,簇的形成和维持比较简单,开销较小,但在一定程度上牺牲了簇的稳定性。然而,基于分簇的资源调度协议的相关研究比较有限。本章参考文献[35]提出一种基于分簇的多信道接入协议(CMMAC),将分簇与无竞争协议集成在一起,提高了簇内安全信息传输的可靠性,但是此机制中簇头之间的资源调度仍然采用基于竞争的 IEEE 802.11 协议,无法避免相邻簇之间的资源选择冲突问题。本章参考文献[36]提出基于移动信息的多信道分簇协议(DMMAC 协议),通过资源调度和自适应学习车辆位置的机制,车辆自主形成更稳定的簇集合,增加簇成员在簇内的停留时间。该协议的可靠性与没有预留时隙的 TDMA 方案的相同,同时,簇头必须选择与其邻居不同的子载波,消除隐藏终端问题。

1.2.2　毫米波车联网资源分配机制研究现状

在毫米波无线通信中,小尺寸的毫米波天线可以构建复杂的天线阵列,采用先进的波束成形技术,形成定向的收发波束,获得较高的天线增益,补偿路径损耗。毫米波技术有着丰富的频谱资源,在自动驾驶中应用毫米波变得很有必要。然而,车辆的移动性在极具挑战性的毫米波无线电传输环境中,极易造成车辆之间的遮挡,降低链路的传输可靠性。1.2.1节中关于车联网传输协议的研究成果主要是低频网络场景下的设计,不能直接应用于高频段毫米波车联网中,需要深入研究毫米波传播性能对高速移动环境下 C-V2X 传输的影响。

考虑到定向波束形成是毫米波传输系统必要的组成部分[37],在车联网中定向传输对接入控制协议的设计提出的挑战主要是:车辆节点无法了解邻居节点的完整信息,从而导致定向传输中的耳聋和碰撞问题。目前已经有许多专门用于定向天线的 MAC 协议[38-45],它们在处理方向性方面各有不同。尽管毫米波通信在这些协议中没有被假设,但仍为 mmWave V2X 的接入协议提供了可能的研究思路。Y B Ko 等人在本章参考文献[38]中提出一种定向 MAC 协议(D-MAC),其在至少一个天线波束被阻塞时,发送节点 DRTS。K T Feng 等人[40-41]提出的 LMA 协议为增强的 D-MAC 协议,利用车辆的移动信息预测车辆位置,减少隐藏终端的问题,同时实现定向天线的空间复用,提高网络的吞吐量。这些协议都基于节点,可以在全向和定向两种模式下工作,这会造成天线增益不对称的问题。

因此,部分研究者考虑节点只能工作在定向模式下,提出了新的设计方案[42-45]。其中本章参考文献[42]中采用循环 RTS(circular RTS)向所有邻居通报即将进行的传输,接收节点定向发送 CTS、Data 和 ACK 给 RTS 发送者。本章参考文献[43]使用相同的方案,在定向数据传输之前发送循环的 CRTS 和 CCTS。这些设计方案减少了定向耳聋和隐藏终端的问题,但大量的 RTS 分组交换需要定向天线旋转一周进行发送,增加了数据传输的时延。本章参考文献[44]中提出了 DtD MAC 协议,当网络负载增加时,所有节点都不断切换其天线扇区并发送 DRTS,没有机会监听 DRTS,最终导致网络拥塞。上述的基于循环竞争的分布式定向 MAC 协议主要通过循环发送控制信息,以避免可能的碰撞,缓解定向耳聋问题,但具有较大的接入延迟。这些解决方案并不能直接适用于高频 mmWave V2X 传输,在毫米波频段高密度场景下系统性能急剧下降。第一,毫米波的高路径损耗、低穿透能力(阻塞效应)传播特性使得 RTS、CTS 等控制信息的大量交互十分不可靠,当车辆密度较高时,将导致严重的丢包和传输时延;第二,循环 RTS 的开销与波束的数量成正比,波束宽度越宽,开销越小,但毫米波的天线增益降低,需要严格的波束宽度设计。因此,基于 1.2.1 节中的调研结果,在设计基于分簇的半分布式 MAC 机制的基础上,考虑毫米波在高速移动车辆环境下的传播特性,深入研究适合于 mmWave V2X 传输的接入机制。

现有毫米波通信标准 IEEE 802.11ad[46]和 IEEE 802.15.3c[47]中包括支持分布式竞争与集中式调度的 MAC 机制。上述两个协议中定义基本服务集的协调器,它将起到一个中心调度的作用,负责广播同步信标和管理无线资源。IEEE 802.11ad 的 DCF 机制依然沿用 802.11 标准,但其物理层主要采用波束成形技术,使得 DCF 在退避机制上有所不同,并且由于传输天线具有定向性,因此其支持方向性传输和空间频谱复用。为了充分利用毫米波方向性,进行多波束同时通信的方案是最近才被提出的。支持多波束同时通信的 IEEE 802.11ay 中利用分簇协议以促进 PCP 站之间的通信。分簇协议可以改善空间共享和通过在非重叠时间段内调度来自不同 PBSS 网络的传输减轻干扰。本章参考文献[48]考虑了最大化调度流程的问题,提出了一种贪心算法,在每个时隙内都将再新增一条通信链路,以增加整个系统的吞吐量,前提是该链路造成的干扰远小于吞吐量带来的增益。本章参考文献[49]中也提出了一种类似的贪心算法,在接收端的信噪比不低于某个阈值的情况下,除了最重要的链路之外,根据优先级还将同时进行多条链路的通信。本章参考文献[50]结合了毫米波波束宽度选择和调度策略两个问题的模型,提出了对波束宽度选择和调度问题的联合考虑,以最大化有效网络吞吐量。尽管上述MAC层资源调度和管理机制利用毫米波的方向性增加了网络的吞吐量,但是只适用于室内或低速移动场景,并且考虑到障碍物阻挡效应的影响,无法直接应用于车联网高速移动环境。在IEEE、Google Scholar等进行检索后发现,已有学者尝试对毫米波与车联网进行融合。其中本章参考文献[51]重点介绍了在V2V和V2I中使用毫米波的动机和挑战,提出车辆应该有多个毫米波收发器,以减轻阻挡效应对传输可靠性的影响。本章参考文献[52]结合物联网和云计算的优点,提出了一种新颖的基于云的毫米波车载架构,在云计算的帮助下,可以相对准确地预测车辆运动,结合高清路线图,该车辆可以提前安排最佳链路,绕过潜在的障碍物,提高链路传输的可靠性。这两种解决毫米波车联网阻挡效应的方案都仅限于粗略的描述,没有提出针对性的机制研究。综上,目前关于毫米波通信传输机制和协议的研究仍然处于初步阶段,该领域还面临一些新的问题和挑战,未来仍有很大研究空间。

1.3 本书章节安排

本书的内容编排如下。

第1章介绍了车联网的发展态势和其相关研究的国内外现状。

第2章介绍了车联网的架构体系和技术标准进展概况。

第3章分别针对C-V2X中的LTE-V2X和5G NR-V2X物理层的关键技术进行了介绍,主要包括波形和参数、时频资源、物理信道和信号结构等。

第4章对sub-6GHz C-V2X直连通信的分布式资源分配机制进行了建模,推导了此机制下的传输中断概率,分析了资源选择冲突对传输可靠性的影响。并且,第 4 章在此分析的基础上提出了基于短期侦听辅助的资源分配机制(a short term sensing assisted resource selection),此机制降低了 C-V2X mode4 的资源选择冲突,并且能够支持非周期性业务的可靠传输。

第 5 章针对第 2 章 C-V2X 分布式机制仍然存在的资源选择冲突问题,提出了基于分簇的资源分配机制(cluster-based resource selection scheme),进一步降低了分布式机制无法避免的资源选择冲突问题。该机制将时频资源划分为正交的资源集,相邻的簇使用不同的资源集以避免簇间干扰,车辆通过监听和检测来判定自身成为簇头或簇成员。由簇头对簇内成员进行低时延、高可靠的资源调度,此外,簇头还对簇之间由移动性而造成的资源选择冲突进行资源管理。

第 6 章结合毫米波传播特性的挑战——阻挡效应和波束对准的开销,设计了 sub-6GHz 和 mmWave 联合调度的 5G V2X 传输机制;探索了在移动场景中频率域上多频谱参数的变化规律和相关性;提取了 sub-6GHz 信道信息作为先验信息,结合毫米波信道稀疏特性研究了低复杂度快时变信道估计和波束对准与追踪。第 6 章设计了能最大化频谱效率的协同资源管理机制,从而充分发挥多频段技术各自的优势,动态适配车辆用户不同服务质量需求。同时,提出的联合调度机制考虑了毫米波传输链路受阻挡的影响,进一步提高了网络频谱效率。

第 7 章叙述了 C-V2X 未来的发展趋势及其在自动驾驶和智能交通系统应用中面临的技术难题。

本章参考文献

[1] ARANITI G, CAMPOLO C, CONDOLUCI M, et al. LTE for vehicular networking: a survey[J]. IEEE Communications Magazine, 2013, 51(5): 148-157.

[2] 本刊讯. 工信部发布车联网直连通信频率规划[J]. 中国无线电，2018(11)：2.

[3] LU N，CHENG N，ZHANG N，et al. Connected vehicles：solutions and challenges[J]. IEEE Internet of Things Journal，2014，1(4)：289-299.

[4] ANGELICA D. Google's self-driving car gathers nearly 1GB/sec[EB/OL]. [2016-2-19]. http：//www. kurzweilai. net/googlesself-driving-car-gathers-nearly-1-gbsec.

[5] SAS. Are you ready for your smart car? [EB/OL]. http：//www. sas. com/en_us/insights/articles/big-data/the-internet-of-things-andconnected-cars. html.

[6] MAVROMATIS I，TASSI A，PIECHOCKI R J，et al. MmWave system for future ITS：a MAC-layer approach for V2X beam steering[C]//2017 IEEE 86th Vehicular Technology Conference (VTC-Fall). IEEE，2017：1-6.

[7] CHOI J，VA V，GONZALEZ-PRELCIC N，et al. Millimeter-wave vehicular communication to support massive automotive sensing [J]. IEEE Communications Magazine，2016，54(12)：160-167.

[8] IEEE 802. 11ad Std.. Wireless LAN medium access control (MAC) and physical layer (PHY) specifications. amendment 3：enhancements for very high throughput in the 60GHz band[S]. 2012.

[9] ROH W，SEOL J Y，PARK J，et al. Millimeter-wave beamforming as an enabling technology for 5G cellular communications：theoretical feasibility and prototype results[J]. IEEE communications magazine，2014，52(2)：106-113.

[10] 夏亮，刘光毅. 3GPP 中 V2X 标准研究进展[J]. 邮电设计技术，2018，7：11-16.

[11] 5G Automotive Association. The case for cellular V2X for safety and cooperative driving [EB/OL]. https：//5gaa，org/wp-content/uploads/

2017/10/5GAA-whitepaper-23-Nov-2016.pdf.

[12] IEEE Computer Society LAN/MAN Standards Committee. IEEE standard for information technology-telecommunications and information exchange between systems-local and metropolitan area networks-specific requirements part 11: wireless LAN medium access control (MAC) and physical layer (PHY) specifications[S]. 2010.

[13] HE X X, SHI W, LUO T. Transmission capacity analysis for vehicular ad hoc networks[J]. IEEE Access, 2018(6):30333-30341.

[14] HE X X, ZHANG H, SHI W, et al. Transmission capacity analysis for linear VANET under physical model[J]. China Communications, 2017, 14(3): 97-107.

[15] 3GPP. Evolved universal terrestrial radio access (E-UTRA) and evolved universal terrestrial radio access network (E-UTRAN): overall description: stage 2 (v14.3.0, Release 14), 3GPP, Tech. Rep. 36.300[S]. 2017.

[16] CHEN Q, WU F, LENG S, et al. Degree of link dependence-based LTE-V2V clustering and alarm information forwarding[C]//2016 IEEE/CIC International Conference on Communications in China (ICCC). IEEE, 2016: 1-6.

[17] MAMMU A S K, HERNANDEZ-JAYO U, SAINZ N. Cluster-based MAC in VANETs for safety applications [C]//2013 International Conference on Advances in Computing, Communications and Informatics (ICACCI). IEEE, 2013: 1424-1429.

[18] BORGONOVO F, CAPONE A, CESANA M, et al. ADHOC MAC: new MAC architecture for ad hoc networks providing efficient and reliable point-to-point and broadcast services[J]. Wireless Networks, 2004, 10(4): 359-366.

[19] OMAR H A, Zhuang W, Li L. VeMAC: a TDMA-based MAC protocol

for reliable broadcast in VANETs[J]. IEEE Transactions on Mobile Computing,2012,12(9):1724-1736.

[20] GALLO L,Härri J. Self-organizing TDMA over LTE sidelink,Eurecom,Tech. Rep.,17-329.[EB/OL](2017-6). http://www.eurecom.fr/publication/5105.

[21] DANG D N M,DANG H N,NGUYEN V,et al. HER-MAC:a hybrid efficient and reliable MAC for vehicular ad hoc networks[C]//2014 IEEE 28th International Conference on Advanced Information Networking and Applications. IEEE,2014:186-193.

[22] MOLINA-MASEGOSA R,GOZALVEZ J. LTE-V for sidelink 5G V2X vehicular communications:a new 5G technology for short-range vehicle-to-everything communications[J]. IEEE Vehicular Technology Magazine. 2017,12(4):30-39.

[23] LV J,HE X,LI J,et al. Transmission capacity analysis of distributed scheduling in LTE-V2V mode 4 communication[C]//International Conference on Communications and Networking in China. Springer,2018:225-234.

[24] 王欢,侯晓林,郑旭飞,等. Short term sensing-based resource selection scheme:JP2018/028159[P]. 2018-07-26。

[25] 大泽良介,王欢,侯晓林,等. Resource reuse distance and resource reuse:JP2018/037106[P]. 2018-10-03。

[26] ZHAO J,HE X,WANG H,et al. Cluster-based resource selection scheme for 5g v2x[C]//2019 IEEE 89th Vehicular Technology Conference(VTC2019-Spring). IEEE,2019:1-5.

[27] BLUM J J,ESKANDARIAN A. A reliable link-layer protocol for robust and scalable intervehicle communications[J]. IEEE Transactions on Intelligent Transportation Systems,2007,8(1):4-13.

[28] MARTíN-VEGA-F J, SORET B, AGUAYO-TORRES M C, et al. Geolocation-based access for vehicular communications: analysis and optimization via stochastic geometry[J]. IEEE Transactions on Vehicular Technology, 2017, 67(4): 3069-3084.

[29] SORET B, SARRET M G, KOVACS I Z, et al. Radio resource management for V2V discovery[C]//2017 IEEE 85th Vehicular Technology Conference (VTC Spring). IEEE, 2017: 1-6.

[30] DAEINABI A, RAHBAR A G P, KHADEMZADEH A. VWCA: an efficient clustering algorithm in vehicular ad hoc networks[J]. Journal of Network and Computer Applications, 2011, 34(1): 207-222.

[31] AHIZOUNE A, HAFID A. A new stability based clustering algorithm (SBCA) for VANETs[C]//37th Annual IEEE Conference on Local Computer Networks-Workshops. IEEE, 2012: 843-847.

[32] CHAI R, YANG B, LI L, et al. Clustering-based data transmission algorithms for VANET[C]//2013 International Conference on Wireless Communications and Signal Processing. IEEE, 2013: 1-6.

[33] MAGLARAS L A, KATSAROS D. Distributed clustering in vehicular networks[C]//2012 IEEE 8th International Conference on Wireless and Mobile Computing, Networking and Communications (WiMob). IEEE, 2012: 593-599.

[34] NGUYEN V D, KIM O T T, DANG D N M, et al. Application of the lowest-ID algorithm in cluster-based TDMA system for VANETs[C]//2015 International Conference on Information Networking (ICOIN). IEEE, 2015: 25-30.

[35] SU H, ZHANG X. Clustering-based multichannel MAC protocols for QoS provisionings over vehicular ad hoc networks[J]. IEEE Transactions on Vehicular Technology, 2007, 56(6): 3309-3323.

[36] PERFECTO C, DEL SER J, BENNIS M. Millimeter-wave V2V communications: distributed association and beam alignment[J]. IEEE Journal on Selected Areas in Communications, 2017, 35(9): 2148-2162.

[37] RAPPAPORT T S, HEALTH JR R W, DANIELS R C, et al. Millimeter wave wireless communications[M]. Pearson Education, 2015.

[38] KO Y B, SHANKARKUMAR V, VAIDYA N H. Medium access control protocols using directional antennas in ad hoc networks[C]//Proceedings IEEE INFOCOM 2000. Conference on Computer Communications. Nineteenth Annual Joint Conference of the IEEE Computer and Communications Societies (Cat. No. 00CH37064). IEEE, 2000: 13-21.

[39] WANG Y, GARCIA-LUNA-ACEVES J J. Spatial reuse and collision avoidance in ad hoc networks with directional antennas[C]//Global Telecommunications Conference, 2002. GLOBECOM'02. IEEE. IEEE, 2002: 112-116.

[40] TAKAI M, MARTIN J, BAGRODIA R, et al. Directional virtual carrier sensing for directional antennas in mobile ad hoc networks[C]// Proceedings of the 3rd ACM international symposium on Mobile ad Hoc Networking & Computing. 2002: 183-193.

[41] FENG K T. LMA: location-and mobility-aware medium-access control protocols for vehicular ad hoc networks using directional antennas[J]. IEEE Transactions on Vehicular Technology, 2007, 56(6): 3324-3336.

[42] KORAKIS T, JAKLLARI G, TASSIULAS L. A MAC protocol for full exploitation of directional antennas in ad-hoc wireless networks [J]. Proc. ACM MobiHoc, 2003: 98-107.

[43] JAKLLARI G, LUO W, KRISHNAMURTHY S V. An integrated neighbor discovery and MAC protocol for ad hoc networks using directional antennas[J]. IEEE Transactions on Wireless Communications, 2007, 6(3): 1114-1124.

[44] SHIHAB E, CAI L, PAN J. A distributed asynchronous directional-to-

directional MAC protocol for wireless ad hoc networks[J]. IEEE Transactions on Vehicular Technology, 2009, 58(9): 5124-5134.

[45] NIU J, ZHANG R, CAI L, et al. A fully-distributed directional-to-directional MAC protocol for mobile ad hoc networks[C]//2015 International Conference on Computing, Networking and Communications (ICNC). IEEE, 2015: 766-770.

[46] IEEE 802.11ad. Part 11: Wireless LAN medium access control (MAC) and physical layer (PHY) specifications-amendment 3: Enhancements for very high throughput in the 60 GHz band[S]. 2012.

[47] IEEE 802.15.3c. Part 15.3: Wireless medium access control (MAC) and physical layer (PHY) specifications for high rate wireless personal area networks (WPANs) amendment 2: Millimeter-wave-based alternative physical layer extension[S]. 2009.

[48] QIAO J, CAI L X, SHEN X, et al. STDMA-based scheduling algorithm for concurrent transmissions in directional millimeter wave networks[C]//2012 IEEE International Conference on Communications (ICC). IEEE, 2012: 5221-5225.

[49] WU X, TAVILDAR S, SHAKKOTTAI S, et al. FlashLinQ: a synchronous distributed scheduler for peer-to-peer ad hoc networks[J]. IEEE/ACM Transactions on Networking, 2013, 21(4): 1215-1228.

[50] SHOKRI-GHADIKOLAEI H, GKATZIKIS L, FISCHIONE C. Beam-searching and transmission scheduling in millimeter wave communications[C]//2015 IEEE International Conference on Communications (ICC). IEEE, 2015: 1292-1297.

[51] CHOI J, VA V, GONZALEZ-PRELCIC N, et al. Millimeter-wave vehicular communication to support massive automotive sensing[J]. IEEE Communications Magazine, 2016, 54(12): 160-167.

[52] KONG L, KHAN M K, WU F, et al. Millimeter-wave wireless communications for IoT-cloud supported autonomous vehicles: Overview, design, and challenges [J]. IEEE Communications Magazine, 2017, 55(1): 62-68.

第 2 章
车联网的架构体系、应用场景及标准体系

车联网是利用高新技术对交通参与者、交通基础设施和交通运输工具进行统筹管控的系统,是物联网在城市交通领域中的具体应用[1]。车联网利用先进的传感器技术、交通信息采集技术、通信技术、计算机技术、云计算技术以及信息安全技术,将交通参与者(行人、驾驶员等)、交通基础设施(道路、交通信号灯、停车场、加油站等)和交通运输工具(私家车、公共交通工具等)集成一个整体进行统筹管理与控制,以提供出行方式选择建议、动态路径诱导、交通智能管控、为交通规划提供数据支持等服务,实现人、车、交通基础设施的协同运作,达到出行效率最大化、出行成本最小化、节能减排最大化和事故概率最小化的目的。车联网工作示意如图 2-1 所示。

图 2-1 车联网工作示意

2.1 车联网的架构体系

车联网的架构及其协同工作机制决定车联网能够实现的功能。目前研究现状将车联网的架构体系分为感知层、网络层和应用层[2-5]。其中,感知层和应用层又分为上、下两个子层。交通数据由感知层采集,经网络层传递至应用层,从而实现一系列的功能。车联网的架构体系如图 2-2 所示。

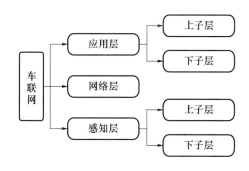

图 2-2 车联网架构体系图

感知层分为下子层和上子层。感知层下子层的作用是通过传感器技术(车内传感器、车外环境传感器)和交通信息采集技术(RFID、视频采集器、GPS、北斗卫星导航系统等)对车辆运行状况(车辆状况、速度、位置等)和周边行驶环境(行人位置、天气、温度、路况等)进行交通数据的采集。感知层上子层的作用是为感知层下子层提供统一的网络接口,用于兼容各类车辆不同的网络传输标准,以保证所有交通数据传输的统一性和完整性。同时感知层上子层能够完成车辆间近距离、小规模的数据传递。网络层的作用是完成车辆与交通控制中心之间交通数据大规模、远距离的传输。同时网络层可以实现车辆的网络接入,为车上的出行者提供社交、影音、娱乐等网络服务。应用层分为下子层和上子层。应用层下子层通过大数据处理技术和云计算对感知层采集到的交通数据进行实时的处理并及时通过网络层进行数据传输,为车辆提供动态路径诱导、停车诱导等相关服务。应用层上子层是人机交互界面,通过电子显示屏、车载系统和应用软件为出行车辆提供经应用层下子层采集和处理的交通信息，车联网的所有功能和服务均通过这一子层定义和实现。

车联网的三大系统层数据逐层传递，协同实现车联网的一系列功能。图 2-3 展示了车联网三大系统层的协同工作机制。

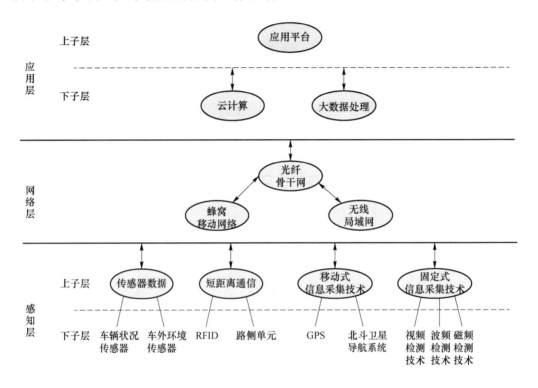

图 2-3　车联网三大系统层的协同工作机制示意图

2.2　车联网的典型应用场景

（1）信息服务典型应用场景

信息服务是提高车主驾车体验的重要应用场景，是 C-V2X 应用场景的重要组成部分。典型的信息服务应用场景包括紧急呼叫业务等。紧急呼叫业务是指当车辆出现紧急情况时（如安全气囊引爆或车辆侧翻等），车辆能自动或手动通过网络发起紧急救助，并对外提供基础的数据信息，包括车辆类型、交通事故发生的时间、地点等。服务提供方可以是政府紧急救助中心、运营商紧急救助中心或第三方紧急救助中心等。该场景需要车辆具备C-V2X通信的能力,能与网络建立通信联系。

(2) 交通安全典型应用场景

交通安全是C-V2X很重要的应用场景之一,对避免交通事故、降低事故带来的生命财产损失有十分重要的意义。典型的交通安全应用场景包括交叉路口碰撞预警等。交叉路口碰撞预警是指在交叉路口,车辆探测到与侧向行驶的车辆有碰撞风险时,通过预警声音或影像提醒驾驶员以避免碰撞。该场景下车辆需要具备广播和接收C-V2X消息的能力。

(3) 交通效率典型应用场景

交通效率是C-V2X的重要应用场景,同时也是智慧交通的重要组成部分。对于缓解城市交通拥堵、节能减排具有十分重要的意义。典型的交通效率应用场景包括车速引导等。车速引导是指路边单元(RSU)收集交通灯、信号灯的配时信息,并将信号灯当前所处状态及当前状态剩余时间等信息广播给周围车辆。车辆收到该信息后,结合当前车速、位置等信息,计算出建议行驶速度并向车主进行提示,以提高车辆不停车通过交叉口的可能性。该场景需要RSU具备收集交通信号灯信息并向车辆广播C-V2X消息的能力,周边车辆具备收发C-V2X消息的能力。

(4) 自动驾驶典型应用场景

与现有的摄像头视频识别、毫米波雷达激光雷达类似,C-V2X是获得其他车辆、行人运动状态(车速、刹车、变道)的另一种信息交互手段,并且不容易受到天气、障碍物以及距离等因素的影响。同时,C-V2X也有助于为自动驾驶的产业化发展构建一个共享分时租赁、车路人云协同的综合服务体系。目前,典型的自动驾驶应用场景包括车辆编队行驶、远程遥控驾驶等。

车辆编队行驶是指头车为有人驾驶车辆或自主式自动驾驶车辆,后车通过C-V2X通信与头车保持实时信息交互,在一定的速度下实现一定车间距的多车稳定跟车,具备车道保持与跟踪、协作式自适应巡航、协作式紧急制动、协作式换道提醒、出入编队等多种应用功能。远程遥控驾驶是指驾驶员通过驾驶操控台远程操作车辆行驶。搭载在车辆上的摄像头、雷达等通过 5G 网络大带宽将多路感知信息实时传达到远程驾驶操控台；驾驶员对于车辆方向盘、油门和刹车的操控信号，通过 5G 网络的低时延、高可靠性实时传达到车辆上，轻松准确地实现车辆前进、加速、刹车、转弯、后退等驾驶操作。

2.3 技术与标准化进展

2.3.1 IEEE 802.11p 技术与标准

随着车载无线通信的不断发展，IEEE 802.11 于 1997 年发布了第一个版本的标准，它规定了 WLAN 的介质访问控制层（Medium Access Control，MAC）和物理层（Physical Layer，PHY）。多年来，人们不断地开发和发展新标准，并且创建了众多的修订版本，2010 年 11 月，IEEE 制定了新一代车载无线通信网络标准 IEEE 802.11p，它工作在 5.9 GHz 频段（5.875~5.925 GHz），借鉴了 IEEE 802.11a 的标准，实现了以下功能[6]。

① 支持先进的传输技术以及高速的数据速率。例如，正交频分复用技术（Orthogonal Frequency Division Multiplexing，OFDM）利用 OFDM 作为物理层传输技术，根据所用的信号编码速率和星座映射方式的不同，提供了 3~27 Mbit/s 的数据速率。

② 实现扩展功能，如在互操作性、安全性和服务质量等方面。

③ 支持多频带操作。IEEE 802.11 提供了几种 MAC 机制：点协调功能（Point Coordination Function，PCF），只适合中央协调节点存在时；分布式协同功能（Distributed Coordination Function，DCF），遵循具有冲突避免的载波侦听多路访问协议（Carrier Sense Multiple Access with Collision Avoidance，CSMA/CA）。为了允许介质访问，物理层必须通知 MAC 层的信道状态，当信道空闲时才能访

问信道,这个过程称为空闲信道评估(Clear Channel Assessment,CCA),当接收到的信号功率高于阈值时,表示该介质处于忙状态。

④ 物理层采用突发式的传输方式,符合无线局域网的传输特点,并有效地支持了包括视频和数据传输在内的各种宽带无线业务。

(1) 信道划分

IEEE 802.11p 占用 5.850 GHz 到 5.925 GHz 之间的 75 MHz 频谱带宽[7],并且将其划分为 7 个子信道,其中 1 个子信道为传输控制信息的控制信道,其余 6 个为传输各类应用信息的服务信道,如图 2-4 所示。同时其在物理层使用了 OFDM 传输技术。为了对抗由车联网环境的高速移动引起的多径信道码间干扰和多普勒频移的影响以及剧烈的信道衰落,与 IEEE 802.11a 相比,IEEE 802.11p 的物理层协议将子信道带宽由 20 MHz 减小到 10 MHz,并且调整了子载波的间隔。

图 2-4 IEEE 802.11p 的信道划分

(2) MAC 层设计

车辆的高速移动性使得 VANET 的 MAC 层设计具有不小的挑战,其需要在较短的时间内建立连接并且将消息发送出去,故取消了传统 IEEE 802.11 MAC 层中一些复杂认证和配置等操作。IEEE 802.11p 使用了非基本服务集(Outside of a BSS,OCB)概率进行通信。虽然在 PHY/MAC 层 IEEE 802.11p 没有提供认证和协商,但仍需要车辆节点管理实体或更高层的协议支持。在 C-V2X 通信中,IEEE 1609 标准的协议包含支持通信必要的认证和协商过程。

VANET 通信的一个重要特点是其安全传输信息以及对时延有严格要求的信息比其他的信息具有更高的优先级。因此,在 IEEE 802.11p 中,MAC 层采用了增强型分布式数据接入机制(EDCA),EDCA 引入不同数据业务的服务质量的支持。EDCA 重新定义了具有 4 种不同级别的访问类别(Access Categories,AC),取代了 IEEE 802.11 中 DCF 定义的介质访问机制。EDCA 根据内容的紧迫性和重要性为每一帧指派一种 AC,每个 AC 除了自己的帧序列外还配有协调介质访问参数集,并通过 ACI(AC Index)确定每个 AC。具体的,EDCA 将车联网中的业务类型根据时延需求分为 4 个优先级,从高到低分别为 AC_VO(语音业务接入)、AC_VI(视频业务接入)、AC_BE(尽最大努力交付接入)和 AC_BK(背景信息接入)。设置不同的参数来实现不同接入类型的优先级[8],具体的参数设置如表 2-1 所示。

表 2-1 EDCA 机制中不同接入类型的默认参数配置

业务类型	AIFSN	CWmin	CWmax	OFDM PHYs TXOP/ms
AC_VO	2 个时隙	7 个时隙	15 个时隙	1.504
AC_VI	2 个时隙	15 个时隙	31 个时隙	3.008
AC_BE	3 个时隙	31 个时隙	1 023 个时隙	0.000
AV_BK	7 个时隙	31 个时隙	1 023 个时隙	0.000

其中,最小和最大竞争窗口(contention window)大小分别表示为 CWmin 与 CWmax,竞争窗口大小的初始值设为 CWmin,每次碰撞后窗口大小会按照一定的规则增加,当增加到 CWmax 时停止不变,数据传输结束后恢复到初始值 CWmin。退避窗口的时隙数在区间[CWmin,CWmax]内随机选取,由表 2-1 可以看出,高优先级的业务具有较短的竞争窗口,因此具有更高的信道接入概率。需要注意的是,最大和最小窗口的数值在 EDCA 机制中是可以自行设置的,相应地再根据一定的函数关系得到不同接入类型的数值。在表 2-2 中,基础竞争窗口参数的最小竞争窗口的值设置为 31 时隙,最大窗口的值设置为 1 023 时隙,此数值为 IEEE 802.11 中 DCF 窗口常用的配置,表中的其他数值根据此基础数值计算得到。

(3) DSRC 标准

IEEE 1609 协议族[9]规定了车辆自组织网络的上层标准。其中:IEEE 1609.4 协议负责处理 MAC 层上的多信道协调,在不增加通信设备复杂度的条件下提高信道利用率和数据传输效率;IEEE 1609.3 协议主要用于处理网络层和传输层的网络服务,定义了相关的服务原语;IEEE 1609.2协议为应用提供安全服务,提供数据加密、身份认证等功能。此外,IEEE 1609.3协议定义了一种专门用于交通安全相关应用的车辆环境无线接入短消息协议(WAVE Short Message Protocol, WSMP)。车辆自组织网络协议框架如图2-5所示。

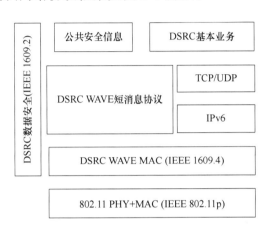

图2-5 车辆自组织网络协议框架

2.3.2 C-V2X技术与标准

C-V2X是Cellular-V2X,即蜂窝车联网,其是基于3G/4G/5G/6G等蜂窝网通信技术演进形成的车用无线通信技术,目的同样是在车辆之间进行直接无线通信。C-V2X由3GPP组织定义,包含了两种通信接口[10]:一种是车、人、路之间的短距离直接通信接口PC5;另一种是终端和基站之间的蜂窝通信接口Uu,其可实现长距离和大范围的可靠通信,如图2-6所示。从技术演进角度来看,C-V2X中的LTE-V2X支持向5G-V2X平滑演进,其接入层与DSRC有着本质上的不同,完全不兼容。

C-V2X可支持的工作场景既包括蜂窝网络覆盖的场景,也包括没有蜂窝网络覆盖的场景。当支持C-V2X的终端设备(如车载终端、智能手机、路侧单元等)处于蜂窝网络覆盖的场景内时,可在蜂窝网络的控制下使用Uu接口。无论是否有蜂窝网络覆盖,均可以采用PC5接口进行C-V2X通信。C-V2X将Uu接口和

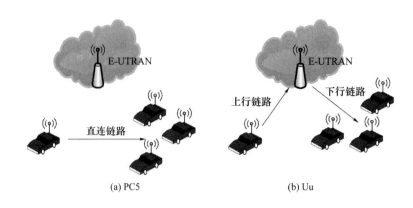

图 2-6 C-V2X 的通信接口

PC5 接口相结合，彼此相互支撑，共同用于 C-V2X 业务传输，形成有效的冗余来保障通信可靠性。

（1）PC5 接口的关键技术

C-V2X 在 PC5 接口上的机制设计以 LTE-D2D 技术为基础，为支持 C-V2X 消息（特别是车辆之间的消息）广播、交换快速变化的动态信息（如位置、速度、行驶方向等），以及包括车辆编队行驶、传感器共享在内的未来更先进的自动驾驶应用，在多方面进行了增强设计，主要包括以下方面。

① 对物理层结构进行增强，以便支持更高的速度

为了在高频段下支持高达 500 km/h 的相对移动速度，解决高多普勒频率扩展以及信道快速时变的问题，C-V2X 对物理层结构进行了增强。

② 支持全球卫星导航系统同步

为保证通信性能，C-V2X 的接收机和发射机需要在通信过程中保持相互同步。C-V2X 可支持包括全球卫星导航系统（GNSS）、基站和车辆在内的多种同步源类型，通信终端可通过网络控制或调取预配置信息等方式获得最优同步源，以尽可能实现全网同步。C-V2X 还支持最优同源的动态维护，使得终端可及时选取到优先级更高的同步源进行时钟同步。

③ 具有更加高效的资源分配机制以及拥塞控制机制

作为 C-V2X 的核心关键技术，PC5 接口支持调度式的资源分配方式（C-V2X mode 3）和终端自主式的资源分配方式（C-V2X mode 4）。此外，C-V2X 还支持集

中式和分布式相结合的拥塞控制机制,这种机制可以显著提升高密场景下接入系统的用户数。

(2) Uu 接口的关键技术

为了更好地匹配 C-V2X 的业务特性,C-V2X 在 Uu 接口上主要对以下方面进行了功能增强。

① 上下行传输增强

上行传输支持基于业务特性的多路半静态调度,在保证业务传输高可靠性的需求的前提下可大幅缩减上行调度时延。下行传输针对 C-V2X 业务的局部通信特性,支持小范围的广播,支持低延时的单小区点到多点传输(SC-PTM)和多播/组播单频网络(MBSFN)。此外,C-V2X 中的 LTE-V2X 支持核心网元本地化部署,并且针对 C-V2X 业务特性定义了专用服务质量(QoS)参数来保证业务传输性能。

② 多接入边缘计算研究

针对具备超低时延超高可靠性传输需求的车联网业务(如自动驾驶、实时高清地图下载等),C-V2X 可以采用多接入边缘计算(MEC)技术。目前,标准组织 ETSI 和 3GPP 都将其作为重点项目,针对 MEC 整体框架、用户面选择、业务分流、移动性和业务连续性以及网络能力开放等关键方面进行研究。

③ C-V2X 的标准化进程

如图 2-7 所示,C-V2X 的标准化进程可以分为 3 个阶段。第一阶段为基于 LTE-V2X 的研究,在 2017 年 3 月发布的 Release 14 中,确定了 C-V2X 的基础业务需求、系统架构、空口技术和安全服务。第二阶段为支持增强 LTE-V2X(LTE-eV2X)的研究,在 2018 年 6 月发布的 Release 15 中,在保持与 Release 14 后向兼容性的要求下,进一步提升直连通信的可靠性、数据速率和时延性能。除了基本需求外,Release 15 定义了增强的 C-V2X 业务需求,包括车辆编队行驶、半/全自动驾驶、传感器信息交互和远程驾驶。第三阶段为基于 5G NR-V2X 技术的研究阶段,用于支持更高级的业务,具体的内容在 2020 年 Release 16 中发布,Release 17 还未冻结。

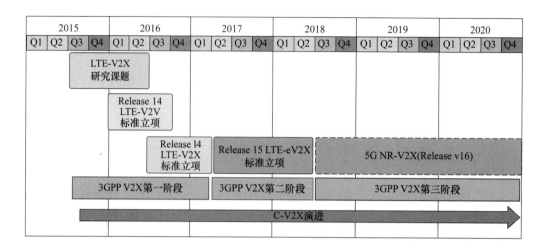

图 2-7 C-V2X 的标准化进程

a. LTE-V2X 标准进展

目前,3GPP 已经完成 Release 14 版本 LTE-V2X 相关标准化工作,主要包括业务需求、系统架构、空口技术和安全研究 4 个方面。在业务需求方面,目前已经定义了包含车与车、车与路、车与人、车与云平台的 27 个用例,以及 LTE-V2X 支持的业务要求,并给出了 7 种典型场景的性能要求。在系统架构和空口技术方面,确定了在 PC5 接口和 Uu 接口的 LTE 蜂窝通信性能要求等,并且研究了如何通过增强 Uu 传输与 PC5 传输来支持基于 LTE 的 C-V2X 业务。在安全方面,目前已完成了支持 C-V2X 业务的 LTE 架构增强的安全方面研究。

b. LTE-eV2X 标准进展

LTE-eV2X 的研究阶段是指支持 V2X 高级业务场景的增强型技术研究阶段(Release 15)。第二阶段的研究主要包括了载波聚合、分集发送、高阶调制、资源池共享及时延降低、传输间隔(TTI)缩短的可行性及增益等增强技术的研究。其目标是在保持与 Release 14 后向兼容性的要求下,进一步提升 C-V2X 直通模式的可靠性、数据速率和时延性能,以部分满足 C-V2X 高级业务的需求。

标准 TS 22.886 中已经定义了 25 个用例共计五大类增强的 C-V2X 业务需求,包括基本需求、车辆编队行驶、半/全自动驾驶、传感器信息交互和远程驾驶。

c. NR-V2X 标准进展

该阶段是指基于 5G NR-V2X 的技术研究阶段(Release 16+),用于支持 C-V2X的高级业务场景。5G NR-V2X 与 LTE-V2X 在业务能力上体现了差异化,5G NR-V2X 可支持更先进的业务,LTE-V2X 可支持基本安全业务并且进行能力增强。Release 16f 的目标还包括引入独立的毫米波 5G 规范和组播和广播等多种通信方式,以及优化感知、调度、重传以及车间连接质量控制等技术,实现 C-V2X 支持车辆编队、半自动驾驶、外延传感器、远程驾驶等更丰富的车联网应用场景。Release 17 增强将 NR sidelink(侧向链路)直接通信的应用场景从 C-V2X 扩展到公共安全、紧急服务,乃至在手机与手机之间直接通信的应用。为了更好地让 NR sidelink 支持新应用,Release 17 还将致力于优化 NR sidelink 的功耗、频谱效率、可靠性、时延等。

本章小结

本章主要介绍了车联网的系统架构和国际标准化体系进展概况。在车联网的系统架构体系及协同工作机制方面,本章分别从感知层、网络层和应用层阐述了关键技术及实现的功能。车联网的三大系统层数据逐层传递,协同实现车联网的一系列功能。在车联网技术与标准化进展方面,本章主要叙述了介质访问控制层和物理层关键技术,包括 IEEE 制定的新一代车载无线通信网络标准 IEEE 802.11p,以及基于蜂窝网通信技术演进形成的由 3GPP 组织定义的 C-V2X 车用无线通信技术。

本章参考文献

[1] 刘小洋,伍民友.车联网:物联网在城市交通网络中的应用[J].计算机应用,2012(4):900-904.

[2] 王建强,吴辰文,李晓军. 车联网架构与关键技术研究[J]. 微计算机信息,2011(4):156-158,130.

[3] 王群,钱焕延. 车联网体系结构及感知层关键技术研究[J]. 电信科学,2012(12):1-9.

[4] 孙小红. 车联网的关键技术及应用研究[J]. 通信技术,2013(4):47-50.

[5] 唐红杰. 车联网系统架构及关键技术研究[J]. 网络安全技术与应用,2013(9):42-43.

[6] GAST M. 802.11 wireless networks: the definitive guide[M]. O'Reilly Media, Inc., 2005.

[7] YACOUB M D, BARBIN M V, de CASTRO M S, et al. Level crossing rate of Nakagami-m fading signal: field trials and validation [J]. IEEE Electronics Letters, 2000, 36(4): 355-357.

[8] IEEE Std 802.11e. Wireless LAN medium access control (MAC) and physical layer (PHY) specifications-amendment 8: medium access control (MAC) quality of service enhancements[S]. 2005.

[9] IEEE draft guide for wireless access in vehicular environments (WAVE)-architecture[EB/OL]. https://ieeexplore.ieee.org/servlet/opac?punumber=6320593.

[10] IMT-2020(5G)推进组. C-V2X 白皮书[EB/OL]. https://wenkubaidu.com/view/22f048c7fbc75fbfc77da26925c52cc58ad69044.html.

第 3 章 物理层关键技术

3GPP 于 2015 年 2 月开始了对 LTE-V2X 的标准制定,于 2017 年冻结了 LTE-V2X 核心部分的制定工作。Release 16/17 NR-V2X 是 Release 14/15 LTE-V2X 的持续演进,用来在侧向链路上提供更可靠、时延更低以及数据速率更高的车联网通信服务。如今 LTE-V2X 和 NR-V2X 已经成为汽车、通信行业的研究热点,同时也成为车联网的核心技术。物理层为车联网系统必不可少的基石,其重要性不言而喻。如果想要深入了解 LTE-V2X 和 NR-V2X 系统,那么理解其物理层相关的关键技术显得尤为必要。物理层结构部分主要包括波形和参数、时频资源、物理信道和信号结构等。下面就分别针对 LTE-V2X 和 NR-V2X 物理层的关键技术进行介绍。

3.1 LTE-V2X 物理层关键技术

3.1.1 LTE-V2X 物理信道和信号设计

1. OFDM 和 OFDMA

正交频分复用(Orthogonal Frequency Division Multiplexing,OFDM)可以看

作一种调制技术,也可以看作一种复用技术,最早起源于20世纪50年代中期,20世纪60年代形成了使用并行数据传输和频分复用的概念。1970年1月,首次公开发表了有关OFDM的专利。

OFDM技术是一种特殊的多载波传输方案,能够很好地对抗频率选择性衰落和窄带干扰,这是其引起关注的一个主要原因。传统的并行数据传输系统将整个信号频段划分成N个互不重叠的频率子信道,每个子信道传输独立的调制符号,然后将这N个子信道进行频率复用。这种避免信道频谱重叠的做法虽然有利于消除信道间的干扰,却不能有效地利用宝贵的频谱资源。正是为了解决这种低效利用频谱资源的问题,20世纪60年代中期,R. W. Chang在论文[1]中首次提出了一种思想:在使用频分复用的同时使子信道频谱相互重叠进行并行数据传输,其中每个子信道内承载信号的传输速率和相邻子信道间的频域间隔保持相同,从而实现无须高速均衡即可对抗窄带脉冲噪声及多径衰落,并能有效地提高频谱利用率。与传统的非重叠多载波技术相比,利用OFDM的重叠多载波技术可以节省将近50%的带宽。但是为了实现这种相互重叠的多载波技术,必须保证各个调制子载波保持相互正交,从而减小各个子信道之间的干扰。

在R. W. Chang发表论文后不久,Saltzberg对OFDM进行了性能分析并指出,在OFDM系统中,信道间干扰(Inter Channel Interface,ICI)是其应用的主要限制[2]。为了应付ICI和符号间干扰(Inter Symbol Interference,ISI),Peled和Ruiz引入循环前缀(Cyclic Prefix,CP)的概念[3],OFDM符号之间不是使用空的保护间隔(Guard Interval,GI),而是使用OFDM符号的周期扩展,只要该循环前缀长于所传输信道的冲激响应,就可以通过实现周期卷积避免信道干扰的影响。虽然使用CP的代价是要占用一定的带宽资源,且这种损失与CP的长度成正比,但是使用CP所获得的好处通常远远大于这种损失。

1971年,Weinstein和Ebert把离散傅里叶变换(Discrete Fourier Transform,DFT)应用到并行传输系统中,作为调制和解调的一部分[4]。这样就不用再利用带通滤波器,直接经过基带处理器就可以实现OFDM。而且,在使用该方法完成OFDM调制的过程中也不再需要使用子载波振荡器组及相干解调器,可以完全依靠执行快速傅里叶变换(FFT)的硬件来予以实现。

图3-1为一个典型OFDM系统的结构框图,上半部分为发射机链路,下半部分为接收机链路。从另一个角度来看,整个系统也可以被分为基带处理(baseband processing)和射频(Radio Frequency,RF)两个部分。前者对数据进行一系列必要处理,使其更适合无线信道的传输;后者用来完成基带信号和高频载波信号之间的转换。

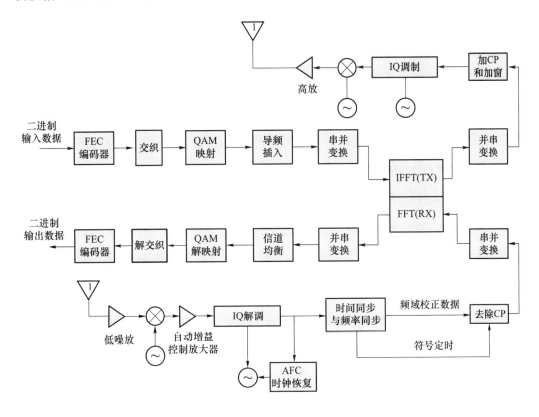

图3-1 典型OFDM系统的结构框图

正交频分多址(Orthogonal Frequency Division Multiple Access,OFDMA)是一种多址接入技术,能解决多个用户同时接入系统的问题。OFDMA接入系统将传输带宽划分成正交的互不重叠的一系列子载波集,将不同的子载波集分配给不同的用户实现多址,这样可动态地把可用带宽资源分配给需要的用户,很容易实现系统资源的优化利用。由于不同用户占用互不重叠的子载波集,在理想同步的情况下,系统无多户间干扰,即无多址干扰(MAI)。OFDMA方案可以看作将总资源（时间、带宽）在频率上进行分割，实现多用户接入。

2. SC-FDMA

在 3GPP 定义的 LTE 空中接口中，下行采用的是 OFDMA 技术，而上行采用的是单载波频分多址（Single-Carrier Frequency-Division Multiple Access，SC-FDMA）技术。

SC-FDMA 是单载波，与 OFDMA 相比具有较低的 PAPR（峰值/平均功率比，Peak-to-Average Power Ratio），其 PAPR 比多载波的 PAPR 低 1~3dB，更低的 PAPR 可以使移动终端在发送功效方面得到更大的好处，进而延长电池的使用时间。SC-FDMA 具有单载波的低 PAPR 和多载波的强韧性两大优势。

SC-FDMA 的实现方法有时域和频域两种，频域的实现方法又称为 DFT 扩展 OFDM（DFT-S-OFDM），即在 OFDM 的 IFFT 调制之前对信号进行 DFT 扩展（DFT 处理），然后进行 IDFT，这样系统发射的是时域信号，从而可以避免发射频域的 OFDM 信号所带来的 PAPR 高的问题。图 3-2 为 SC-FDMA 系统的典型频域实现框图。

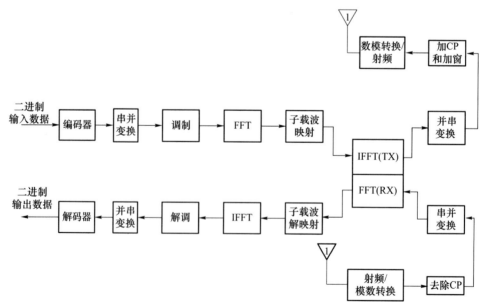

图 3-2　SC-FDMA 系统的典型频域实现框图

在 SC-FDMA 系统中,发射端将比特流通过编码、串并转换以及调制过程,分成了 M 个符号,然后对每个符号进行 DFT,并对每个数据组进行子载波映射以及 N 点的 IFFT,将其转换成复时域信号,通过并串转换以及在每个符号之前插入 CP 以防止 ICI 以及符号间干扰,最后经过数模转换后发送出去,接收端则为发送端的的逆过程。

3.1.2 时隙结构

针对 C-V2X 通信中节点高速移动、低时延高可靠传输需求等问题,3GPP LTE-V2X 主要对原 LTE-D2D 技术进行了一些针对性增强。LTE-D2D 的通信设备通常为静止设备或低速移动设备,而在 LTE-V2X 中,车辆移动速度较高,且可能工作在更高的频段。假设车辆相对移动速度为 280 km/h,工作中心频点为 6 GHz,信道的相干时间约为 0.277 ms。LTE-D2D 中 1 个子帧 1 ms 中有 2 列参考信号,相隔为 0.5 ms。如果不对参考信号设计进行增强修改,高速移动和高频导致的多普勒效应频率偏移会对信道估计产生严重影响。因此 LTE-V2X 中重用 LTE-D2D 的解调参考信号(Demodulation Reference Signal,DMRS)列结构设计,但是将 1 个子帧 1ms 中的 2 列解调参考信号增加到 4 列,使得导频密度在时域上有所增加,这样 LTE-V2X 的解调参考信号时间间隔为 0.25 ms,能够有效处理典型高速场景高频段的信道检测、估计与补偿。LTE-V2X PC5 接口的控制信道及数据信道的子帧结构如图 3-3 所示。符号 0 和 13 用于自动增益控制(AGC)和保护时隙(GP),其中的 8 个符号用于用户数据的有效载荷。

3.2 5G NR-V2X 物理层关键技术

Release 16 NR-V2X 是 Release 14/15 LTE-V2X 的持续演进,为了能提供更可靠、时延更短以及数据速率更高的车联网通信服务,在 LTE-V2X 的基础上为

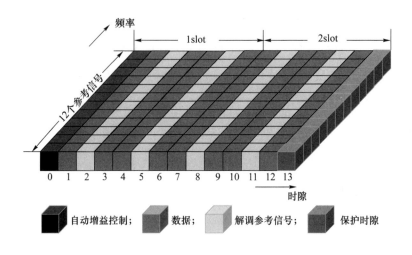

图 3-3　LTE-V2X PC5 接口的控制信道及数据信息的子帧结构

了支持，C-V2X 设备间的直接通信而引入新链路类型——侧向链路（sidelink）。侧向链路最早是在 D2D 应用场景下引入的，在 C-V2X 体系中进行了扩充和增强。NR sidelink 主要由 PSCCH 信道、PSSCH 信道、PSBCH 信道和 PSFCH 信道组成。

本章侧重介绍 3GPP 制定的 Release 16 5G NR-V2X 车联网标准中的物理层技术，主要包括 5G NR-V2X 中上行链路、下行链路和侧向链路的物理层结构、物理层过程等，通过对所述内容的阐述，有助于理解 Release 16 5G NR-V2X 车联网标准。

3.2.1　5G NR-V2X 物理信道和信号设计

目前 NR Uu 接口中的调制波形可以分为单载波和多载波两种，因此调制方式也有两种：一种为多载波的循环前缀正交频分复用（CP-OFDM）；另一种为单载波的 DFT-S-OFDM（Discrete Fourier Transform-Spread OFDM）。表 3-1 从链路和场景等几个方面对两种调制方式进行了对比。

表 3-1　CP-OFDM 与 DFT-S-OFDM 的对比

对比点	CP-OFDM	DFT-S-OFDM
链路（chains）	NR 物理层上、下行链路	LTE 上行链路和 NR 物理层上行链路
场景（scenario）	高吞吐量场景	功率受限场景
传输方式（transmission）	多输入多输出（MIMO）	单层传输
类似序列（sequences）	PDSCH 中的 Gold 序列	上行链路中的 Zadoff chu 序列
其他	在 RB（Resource Blocks，资源块）中提供高频谱打包（spectral packing）效率，可以在密集城市中最大限度利用网络容量	提供低频谱打包，可满足更大范围的要求

5G NR-V2X 系统采用 CP-OFDM 调制波形[5]，其参数集设计部分主要是子载波间隔（SCS）以及循环前缀（CP）长度的选择。其中子载波间隔大小决定了其相应时域符号长度的长短，对系统的覆盖、时延、移动性和相噪等方面均产生较大的影响。简而言之，SCS 越小，符号长度/CP 长度越长，覆盖越好；SCS 越大，符号长度越短，时延越小。同理，SCS 越大，多普勒频移影响越小，相噪影响越小，性能越好。

SCS 增大时其时域符号长度即变短，这样可以在降低传输时延的同时把两列解调参考信号（DMRS）之间的时间间隔也相应变短，可以用更少的 DMRS 开销带来更好的信道估计性能，故相应抵抗高速运动带来的信道变化的能力也更强。此外，较大的 SCS 能减少系统对载波间干扰（Inter-Channel Interference，ICI）的敏感度，有助于系统使用高阶调制方式。但是，SCS 的增大也会对接收端的处理能力提出更高的要求，如需要控制信息的盲检时间更短。

循环前缀（CP）的引入主要是解决 ISI（符号间干扰，Inter-Symbol Interference）和 ICI。无线信道的多径时延扩展会导致 ISI，严重影响数字信号的传输质量，同时也会破坏 OFDM 系统子载波的正交性，产生 ICI 从而影响接收侧的解调。为了解决 ISI 和 ICI，可以在每个 OFDM 符号之间插入保护间隔，该保护间隔的时间长度一般要大于无线信道的最大时延扩展,从而减少ISI;为了消除由于多径产生的ICI,可以在OFDM符号的保护间隔内填入循环前缀信号,即将每个OFDM符号后时间内的样值复制到OFDM符号前面以形成前缀,如图3-4所示,从而保证在FFT周期内,OFDM符号的延时副本内包含的波形周期个数是整数,即保持OFDM系统子载波的正交性以减少ICI。具体循环前缀的实现原理此处不做太多赘述。故对于循环前缀的选择,其长度主要用于解决符号间干扰以及覆盖等相关问题。

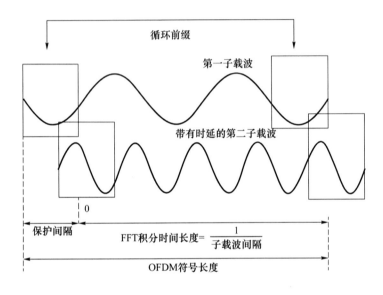

图3-4 OFDM符号的循环扩展

5G NR-V2X支持的SCS和CP配置如表3-2所示[5]。

表3-2 5G NR-V2X支持的SCS和CP配置表

参数配置	FR1	FR2
SCS	15 kHz, 30 kHz, 60 kHz	60 kHz, 120 kHz
CP	Normal CP:15 kHz, 30 kHz, 60 kHz Extended CP:60 kHz	Normal CP:60 kHz, 120 kHz Extended CP:60 kHz

物理信道对应于一组特定的时频资源,用于承载高层映射的传输信道,每个传输信道均映射到一个物理信道。

1. 5G NR-V2X 上行链路

5G NR-V2X 上行链路定义的物理信道有[5]共享信道 PUSCH（Physical Uplink Shared Channel）、控制信道 PUCCH（Physical Uplink Control Channel）和随机接入信道 PRACH（Physical Random Access Channel）。

上行链路各物理信道对应承载的高层传输信道如图 3-5 所示。

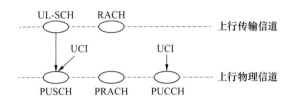

RACH 随机接入信道；UCI 上行控制信道；UL-SCH 上行链路共享信道

图 3-5 上行链路中物理信道与传输信道的对应关系

从图 3-5 中可以看到，控制信道不承载传输信道。物理上行控制信道 PUCCH 承载上行控制信息（Uplink Control information，UCI），用于向基站报告 UE 的状态，如 HARQ 接收的状态、信道状态信息等。

5G NR-V2X 上行链路的物理信号从功能角度来看包含以下类型[5]：解调参考信号（Demodulation Reference Signal，DMRS）、相位跟踪参考信号（Phase-Tracking Reference Signal，RT-RS）和探测参考信号（Sounding Reference Signal，SRS）。

DMRS 用于各物理信道的信道估计，实现相干解调；PT-RS 配合 DMRS 使用，用于估计公共相位误差，进行相位补偿；SRS 以上行信道质量为 eNodeB 的调度提供参考。

2. 5G NR-V2X 下行链路

5G NR-V2X 下行链路定义的物理信道有[5]广播信道 PBCH（Physical Broadcast Channel）、共享信道 PDSCH（Physical Downlink Shared Channel）和控制信道 PDCCH（Physical Downlink Control Channel）。

下行链路各物理信道对应承载的高层传输信道如图 3-6 所示。

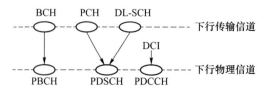

BCH 广播信道；PCH 寻呼信道；DL-SCH 下行共享信道

图 3-6　下行链路中物理信道与传输信道的对应关系

从图 3-6 中可以看到，控制信道不承载传输信道。物理下行控制信道 PDCCH 承载下行控制信息（Downlink Control Information，DCI），用于为 UE 提供下行接收和上行传输的必要信息，如资源分配信息等。

5G NR-V2X 下行链路物理信号从功能角度来看包含以下类型[5]：解调参考信号（Demodulation Reference Signal，DMRS）、信道状态信息参考信号（Channel State Information Reference Signal，CSI-RS）、相位跟踪参考信号（Phase-tracking Reference Signal，PT-RS）、定位参考信号（Positioning Reference Signal，PRS）、主同步信号（Primary Synchronization Signal，PSS）和辅同步信号（Secondary Synchronization Signal，SSS）。

DMRS 用于各物理信道的信道估计，实现相干解调；CSI-RS 用于信道状态信息的测量；PT-RS 配合 DMRS 使用，用于估计公共相位误差，进行相位补偿；定位参考信号 PRS 用于 UE 对每个基站的 PRS 执行下行参考信号时差（DL RSTD）测量，这些测量结果将报告给位置服务器；PSS 和 SSS 则与 PBCH 一起共同组成了同步信号块（SSB）。

3. 5G NR-V2X 侧向链路

5G NR-V2X 定义的物理信道有[5]广播信道 PSBCH（Physical Sidelink Broadcast Channel）、控制信道 PSCCH（Physical Sidelink Control Channel）、共享信道 PSSCH（Physical Sidelink Shared Channel）和反馈信道 PSFCH（Physical Sidelink Feedback Channel）。

各物理信道对应承载的高层传输信道如图 3-7 所示。

图 3-8 为包含 PSFCH 的时隙物理信道映射示意图[5]。

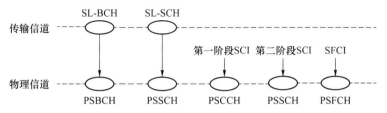

SL-BCH 侧向链路广播信道；SL-SCH 侧向链路发现信道；SCI 侧向链路控制信息

图 3-7 侧向链路中物理信道与传输信道的对应关系[8]

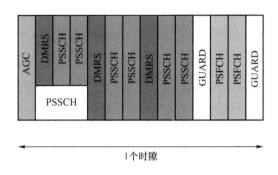

图 3-8 包含 PSFCH 的时隙物理信道映射示意图

5G NR-V2X 的物理信号从功能角度来看包含以下类型[5]：解调参考信号（Demodulation Reference Signal，DMRS）、信道状态信息参考信号（Channel State Information Reference Signal，CSI-RS）、相位跟踪参考信号（Phase-Tracking Reference Signal，PT-RS）、主同步信号（Sidelink Primary Synchronization Signal，S-PSS）和辅同步信号（Sidelink Secondary Synchronization Signal，S-SSS）。

DMRS 用于各物理信道的信道估计，实现相干解调；CSI-RS 用于信道状态信息的测量；PT-RS 配合 DMRS 使用，用于估计公共相位误差，进行相位补偿；主辅同步信号 S-PSS 和 S-SSS 则与 PSBCH 一起共同组成了同步信号块 S-SSB。

3.2.2 侧向链路的时隙结构

对 5G NR-V2X 来说，车辆和路边设备间的相对位置变化快，意味着收发端的距离变化频繁，导致对 AGC（Automatic Gain Control）的时延要求较高。而在较大 SCS（120 kHz）时其时域符号的长度变短，因此存在单个符号无法完成 AGC

或者收发转换过程的情形,需要占用额外有用符号,从而导致系统性能下降。

目前,5G NR-V2X 对于时隙结构的设计如下[5]:

(1) 每个时隙中的第一个符号作为 AGC 符号,其为同时隙中第二个符号的完全复制映射;

(2) 在每个时隙中,PSSCH 的起始符号作为时隙中的第二个符号;

(3) 采用一个符号作为 PSSCH 和 PSFCH 之间的 GP 符号。

时隙的具体结构如图 3-9 所示,其中图 3-9(a) 为不含 PSFCH 的时隙结构,图 3-9(b) 为含有 PSFCH 的时隙结构。

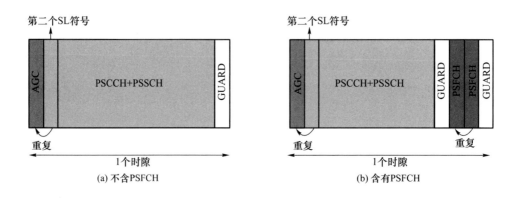

图 3-9　时隙结构图[8]

3.2.3　侧向链路的同步设计

两个不同的终端在进行 5G NR-V2X 直通链路通信之前,首先需要完成时间与频率同步并获取广播信息。5G NR-V2X 中的候选同步源包括 GNSS、gNB/eNB 以及 NR 终端,不同同步方式下每种同步源具有不同的优先级,表 3-3 中给出了不同同步方式时的同步源优先级。当终端开机后,会根据配置或者预配置的同步优先级规则进行同步源搜索。在终端搜索到优先级最高的同步源并与其建立同步之后,会将同步信息以直通链路同步信号块 S-SSB 的形式发送出去。

5G NR-V2X 的同步机制主要涉及如下 3 个方面:

(1) 直通链路同步信号 SLSS 设计;

(2) 直通链路同步信号块 S-SSB 结构设计；

(3) 直通链路同步信号块 S-SSB 资源配置。

表 3-3 同步源的优先级

优先级	基于 GNSS 的同步	基于 gNB/eNB 的同步
P0	GNSS	gNB/eNB
P1	所有用户直接同步到 GNSS	所有用户直接同步到 gNB/eNB
P2	所有用户间接同步到 GNSS	所有用户间接同步到 gNB/eNB
P3	任何其他用户	GNSS
P4		所有用户直接同步到 GNSS
P5		所有用户间接同步到 GNSS
P6		任何其他用户

1. 直通链路同步信号 SLSS 设计[8]

LTE V2X 的同步信号采用的是 Zadoff-Chu 序列，但 Zadoff-Chu 序列对载波频率偏移的抵抗性能不如 m 序列，所以，为了获得更好的频率偏移抵抗能力，以及尽量复用 NR Uu 的同步信号序列设计方案，在 5G NR-V2X 中使用了 m 序列和 Gold 序列分别作为 NR S-PSS 和 S-SSS 的序列类型。LTE-V2X 所采用的同步信号序列长度是 63，在 5G NR-V2X 中，为了进一步提升同步序列的检测成功率，5G NR-V2X 的同步信号序列长度是 127。

在 LTE-V2X 中，PSSS 和 SSSS 信号都是使用了符号重复的设计，以提升信号检测成功率。在 5G NR-V2X 中，继续沿用了 LTE-V2X 的同步信号符号重复的设计，即同步信号 S-PSS 和 S-SSS 在一个时隙中分别占用两个连续的符号，并且 S-PSS 或 S-SSS 所占用的两个符号中分别使用了相同的同步信号序列。

考虑到 NR Uu 中 Cell ID 已经从 504 扩容到 1 008，5G NR-V2X 的 SL-SSID 也从 336 扩容到 672，以应对覆盖范围更小的小区与更多的接入终端。

2. 直通链路同步信号块 S-SSB 结构设计[8]

5G NR-V2X 引入 S-SSB 机制，以支持同步信号的波束重复或波束扫描。一个 S-SSB 在频域所占用的 RB 个数与子载波间隔无关,其带宽固定为 11 个 RB。一个 S-SSB 在时域占用一个时隙〔不包括位于最后一个符号上的保护间隔 GP(Guard Period,GP)〕。S-SSB 中包括有 S-PSS、S-SSS 以及 PSBCH 3 类信号或信道,且在 S-SSB 所在时隙的最后一个符号上放置了保护间隔,如图 3-10 所示。图 3-10(a)为 Normal CP 的 S-SSB 结构示意图,图 3-10(b)为 Extended CP 的 S-SSB 结构示意图[5]。

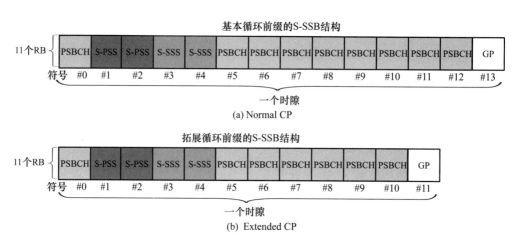

图 3-10　S-SSB 结构示意图

在 5G NR-V2X S-SSB 的第一个符号上放置 PSBCH,既可以使得接收端在该符号上进行 AGC 调整,又可以降低 PSBCH 的码率,提升了 PSBCH 的解码性能。S-SSB 所在时隙的最后一个符号用作 GP,GP 采用 puncture 的方法进行 RE 的映射。为了尽可能地提升 PSBCH 的解码性能,Release 16 规定在一个 S-SSB 中,除了分配给 S-PSS 和 S-SSS 的 4 个符号之外,其余符号都全部被 PSBCH 所占用,这样,在 Normal CP 情况下,PSBCH 占用 9 个符号,在 Extended CP 情况下,PSBCH 占用 7 个符号。在频域上,PSBCH 占满了 11 个 RB 的 132 个子载波。

PSBCH 的 DMRS 采用长度为 31 的 Gold 序列。在时域上,所有 PSBCH 符号上都配置了 DMRS。在频域上,每 4 个资源单元(Resource Element,RE)配置 1 个 DMRS RE。

物理直通链路广播信道 PSBCH 由直通链路同步广播块 S-SSB 承载,它用于向覆盖外终端通知直通链路定时信息、NR Uu 的 TDD UL-DL 时隙配置信息以及覆盖指示信息等。

3. 直通链路同步信号块 S-SSB 资源配置[8]

关于 5G NR-V2X 中的 S-SSB 周期值,为了降低配置复杂度,仅仅配置了一个周期值,即对于所有的 S-SSB 子载波间隔 SCS,仅仅配置一个长度为 160 ms 的 S-SSB 周期值。

为了提升 S-SSB 的检测成功率性能,扩大 S-SSB 的覆盖范围,Release 16 中规定在一个 S-SSB 周期内,支持重复传输多个 S-SSB,并且为了保持 S-SSB 配置的灵活性,在一个周期内 S-SSB 的数量是可配置的,具体配置方案如表 3-4 所示。

对于 FR1,一个周期内最多支持传输 4 个 S-SSB,对于 FR2,一个周期内最多支持传输 64 个 S-SSB,那么这就需要指示在一个周期内传输的多个 S-SSB 所占用的时域资源。

表 3-4 一个周期内 S-SSB 的数量配置表

频率范围	子载波间隔/kHz	一个周期内 S-SSB 的数量
FR1	15	1
	30	1,2
	60	1,2,4
FR2	60	1,2,4,8,16,32
	120	1,2,4,8,16,32,64

由于 S-SSB 的时域资源需要保持一定的灵活性,以适应 NR Uu 灵活的 TDD UL-DL 时隙配置,所以 S-SSB 的时域资源配置不能采取固定设置的方式,而是需要灵活配置的。同时,为了简化配置参数,Release 16 规定预配置或配置图 3-11 所示的参数 1 和参数 2 来指示 S-SSB 时域资源配置,并且一个 S-SSB 周期内两个相邻的 S-SSB 的时间间隔相同。

参数 1:首个 S-SSB 时域偏移量(sl-TimeOffsetSSB-r16),表示一个 S-SSB 周期内第一个 S-SSB 相对于该 S-SSB 周期起始位置的偏移量,该偏移量以时隙数量为单位表示,取值范围为[0,1 279];

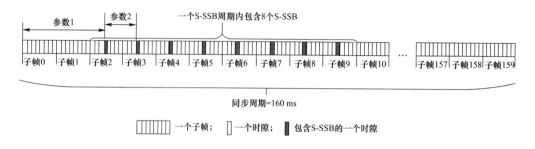

图 3-11 一个周期内 S-SSB 资源配置示意图

参数 2：两个相邻 S-SSB 的时域间隔（sl-TimeInterval-r16），表示一个 S-SSB 周期内两个相邻的 S-SSB 之间的时间间隔，该时间间隔也以时隙数量为单位表示，取值范围为[0，639]。

在 5G NR-V2X 中，直通链路同步优先级规则包括基于 GNSS 的同步优先级规则以及基于 gNB/eNB 的同步优先级规则，并且通过配置或预配置的方式通知终端采用哪种同步优先级规则。

3.2.4 侧向链路 CSI

侧向链路 CSI（信道状态信息）的测量和反馈仅在单播通信中支持，其中侧向链路 CSI-RS 传输的资源和天线端口的个数通过 PC5-RRC 信令进行交互。为减小对资源选择的影响，不支持周期性 CSI-RS 的传输。CSI 反馈信息伴随着 PSSCH 的传输反馈给发送终端，如果接收终端没有 PSSCH 传输，则可通过复用 PSSCH 资源选择机制的 CSI-only 方式进行传输，并且 CSI 反馈皆通过 MAC-CE 携带，如图 3-12 所示。

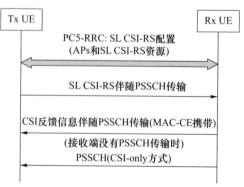

图 3-12 CSI-RS 传输过程

3.2.5 侧向链路 HARQ 操作

本节先后介绍了侧向链路 HARQ 操作的反馈模式、反馈指示,以及 PSFCH 资源确定的方法。

侧向链路重传方式分为两种:一种是盲重传方式,终端根据自己的业务需求或者配置,预先确定重传的次数和重传的资源;另一种是基于 HARQ 反馈的自适应重传方式,根据反馈的 ACK(Acknowledgement)/NACK(Negative Acknowledgement)信息确定是否需要进行数据重传。在资源池配置了 PSFCH(Physical Sidelink Feedback Channel)资源的情况下,通过 SCI(Sidelink Control Information)显式指示是否采用基于 HARQ 反馈的传输[6]。对于侧向链路 HARQ 反馈,单播采用 ACK/NACK 的模式进行反馈。组播支持两种 HARQ 反馈模式:第一种是基于 NACK 的反馈模式,所有接收终端共享相同的 PSFCH 资源;第二种是基于 ACK/NACK 的反馈模式,每个接收终端使用独立的 PSFCH 资源。侧向链路组播分为两种传输类型:类型一是面向连接的组播,有明确的组 ID 信息,以及组内成员的信息;类型二是无连接的组播,是一种基于距离的动态建组的组播,需要明确指示当前业务的通信距离。针对无连接的组播,为提升可靠性和资源利用率,终端支持基于收发距离的 HARQ 反馈机制,且采用基于 NACK 的 HARQ 反馈模式。

此外,在侧向链路终端基于感知的自主资源选择中,由于没有中心节点的控制,因此 PSFCH 资源的选择方法是一种完全分布式的资源选择方法。为了避免不同终端之间的 PSFCH 资源选择产生冲突,PSFCH 候选资源由关联的 PSCCH/PSSCH 的时频域资源编号映射确定。

3.2.6 侧向链路功率控制

不同于大家熟知的上行链路和下行链路,侧向链路是为了支持设备间的直接通信而引入的新链路,一些文献中将侧向链路翻译为侧行链路或者直通链路。其最早是在D2D应用场景下引入的,后面技术延伸到V2X,因此在原本协议上对其进行了扩充和增强。

在侧向链路功率控制中,主要包含基于下行链路损耗(DL-pathloss)和侧向链路损耗(SL-pathloss)的两种开环功率控制机制。基于下行链路损耗的开环功率控制可以用于广播、组播和单播的通信模式,从而降低上行链路和侧向链路共载波时对上行链路的干扰。基于侧向链路损耗的开环功率控制机制仅用于单播的通信模式[7]。

3.3 无线传播环境信道建模

无线通信都是基于电磁波在空间的传播实现信息传输的。电磁波传播环境的复杂性和环境干扰,使得无线信道呈现出很强的随机时变性。而电磁波在自由空间的传播特征在很大限度上决定了无线通信系统的复杂度和性能。因此,对任何无线通信系统的研究和设计都必须以信道特性为基础[9-11]。针对无线信道的测量和建模问题,目前已提出多种被广泛采用的参考信道模型[12-21]。

无线信道对信号传输的影响主要有传播衰减、由多径传播引起的频率选择性衰落、由收发端相对运动时产生的Doppler效应引起的时间选择性衰落以及由角度扩展引起的空间选择性衰落等。这些传播特征也可概括为大尺度衰落和小尺度衰落。大尺度衰落包括路径传播损耗和阴影衰落,反映信号平均功率随距离和位置的缓慢变化,主要影响无线通信系统的通信距离和覆盖范围。小尺度衰落表现为多径衰落,主要由传播环境中各种建筑物、障碍物的反射、散射、绕射及运动引起,反映无线终端在数十个波长范围或极短时间内信号功率的快速变化,是影响接收机性能的主要因素。另外,仅根据无线信道特性的时变性还可以把无线信道划分为快衰落(fast fading)信道和慢衰落(slow fading)信道[9]。

1. 大尺度衰落

(1) 路径传播损耗

路径传播损耗是指无线电波在较大范围(几百米或数千米)的空间距离传播时所产生的损耗。它反映出较大范围的空间距离上接收信号电平平均值的变化趋势。

对于理想的自由空间(不考虑地理环境、天线高度等影响)传播环境,Friis自由空间方程如下[9]:

$$P_r(d)=\frac{P_t G_t G_r \lambda^2}{(4\pi)^2 d^2 L} \tag{3-1}$$

其中,P_t 为发射功率,$P_r(d)$ 为距离发射天线 d 处的接收功率,G_t、G_r 分别为发射天线增益和接收天线增益,λ 为波长,L 为系统硬件引入的损耗。式(3-1)只能用于预测发射天线的远场(far-field)信号功率。

在 Friis 自由空间方程的基础上,若不考虑天线影响和系统损耗,即 $G_t=G_r=L=1$,则自由空间路径传播损耗定义为[9]

$$\mathrm{PL}(\mathrm{dB})=10\lg\frac{P_t}{P_r}=-10\lg\frac{\lambda^2}{(4\pi)^2 d^2} \tag{3-2}$$

实际的路径传播损耗不仅决定于传播距离、载波频率,还与传播环境中的地形、地貌及发、收天线的高度等密切相关。在工程上,一般根据环境条件采用经验公式和模型进行估算[9-10]。

理论和实测模型均表明:无论是在室内环境还是在室外环境,随着通信距离的增加,平均接收信号功率呈对数下降趋势。对于任意距离,平均大尺度损耗可以表示为距离的函数[9-10]:

$$\overline{\mathrm{PL}}(\mathrm{dB})=\overline{\mathrm{PL}}(d_0)+10n\lg\frac{d}{d_0} \tag{3-3}$$

其中,n 为路径传播损耗指数,表明路径传播损耗随距离增长的速率,不同的传播环境具有不同的路径传播损耗指数,表 3-5 给出了几个常用值。d_0 为靠近发射天线的参考距离,d 为收、发信机的距离,$\overline{\mathrm{PL}}(d_0)$ 可以测量得到或利用自由空间路径传播损耗模型计算得到。

表 3-5　不同环境下的路径传播损耗指数[12]

环境	路径传播损耗指数 n
自由空间	2.0
市区蜂窝	2.6～3.5
市区蜂窝阴影	3.0～5.0
建筑物内视距传播	1.6～1.8
被建筑物阻挡	4.0～6.0
被工厂阻挡	2.0～3.0

（2）阴影衰落

阴影衰落主要是指电磁波在传播路径上受到建筑物等阻挡时所产生的阴影效应导致的损耗,反映了在中等范围内(数百个波长量级)接收信号电平平均值的变化趋势。其变化率比系统传信率慢得多。研究结果表明,阴影衰落从统计特征上服从对数正态分布(log-normal),衰落的严重程度随应用波段和环境条件而变化。

2. 小尺度衰落

小尺度衰落是影响接收机性能的主要因素,是信道建模的重点内容。小尺度衰落反映微观小范围内(数十个波长以下量级)接收电平平均值的变化趋势,其变化速率比阴影衰落快,又称快衰落。从统计规律上看,根据信号带宽和传播环境条件的不同,其电平幅度一般服从 Rayleigh 分布、Rice 分布、Nakagami 分布等。从不同角度对小尺度衰落进行细分,又可将其分为时间选择性衰落、频率选择性衰落和空间选择性衰落[10-11]。

用户的快速移动或附近物体的快速移动会导致信号在频域产生多普勒扩展,而时间选择性衰落正是由多普勒扩展引起的。其严重程度正比于移动速度和信号频率。时间选择性衰落在时域信号上表现出包络起伏不定。对于高速(大于 70 km/h)车载通信,时间选择性衰落影响严重。对于慢速的车载通信和准静态的室内通信则几乎可以不予考虑时间选择性衰落。其通常用信道相干时间 T_c 和多

普勒扩展 B_D 加以描述。根据信道相干时间 T_c 与符号时间 T_s 的关系将衰落信道分为快衰落信道($T_c \leqslant T_s$)与慢衰落信道($T_c \gg T_s$)。

频率选择性衰落是指在不同频段上衰落特性不同的现象。其原因在于用户所处地理环境导致的多径效应,使得接收信号不仅有直射波的主径信号,还有不同障碍物引起的反射、绕射、散射等不同路径信号,而且它们的信号强度、到达时间、相位角各不相同。这些多径信号的叠加导致自干扰,小于符号时间到达的多径信号会引起幅度和相位波动,超过符号时间到达的部分会引起符号间干扰。频率选择性衰落在时域表现为信号的时延扩散,又称时间色散。通常用相干带宽 B_c 和均方根时延扩展 τ_{rms} 来描述信道的频率选择性。根据信道相干带宽 B_c 与信号带宽 B_s 的关系可以将信道分为平衰落信道($B_c > B_s$)和频率选择性信道($B_c < B_s$)。

空间选择性衰落是指在不同的地点与空间位置衰落特性不同的现象。其原因在于收、发信机附近和远处的高大建筑物、障碍物等的反射,引起发送端空域上的波束角度扩散和接收端信号入射角分布的变化。一般采用波束角度扩展 $\Delta\varphi$ 来描述空间选择性衰落[11]。

综上所述,无线信道的小尺度传播特征可以用一个空、时、频三维动态多径信道模型来描述[11]:

$$h(t,\tau,\varphi) = \sum_{l=0}^{L(t)-1} A[\varphi_l(t)]\alpha_l(t)\delta[\tau - \tau_l(t)]e^{j\theta_l(t)} \qquad (3-4)$$

其中,$A[\varphi_l(t)]$ 表示来自空域方位角 $\varphi_l(t)$ 的信号强度,反映了空间选择性;$\alpha_l(t)$ 为第 l 条路径信号强度,是时间选择性的真实体现;$\theta_l(t)$ 为第 l 条路径的随机相位偏移;$\tau_l(t)$ 为第 l 条路径相对于第 l 条路径的相对时延;$L(t)$ 为到达接收点的路径数。$\tau_l(t)$ 和 $L(t)$ 共同反映了频率选择性。

式(3-4)的模型非常复杂,在实际信道模型中往往根据环境条件进行简化。若不考虑空域,则可简化为广泛使用的时变多径信道模型:

$$h(t,\tau) = \sum_{l=0}^{L(t)-1} \alpha_l(t)\delta[\tau - \tau_l(t)]e^{j\theta_l(t)} \qquad (3-5)$$

对于室内环境等慢速变化的场合,可进一步假设信道为准静态或在一定时间

内把信道合作不变信道。此时,式(3-5)进一步简化为

$$h(\tau) = \sum_{l=0}^{L-1} \alpha_l \delta[\tau - \tau_l] e^{j\theta_l} \quad (3-6)$$

综合考虑无线移动多径信道的时延扩展和多普勒频率扩展,信号经过无线衰落信道传输时,可能产生的信号衰落有平坦慢衰落、平坦快衰落、频率选择性慢衰落和频率选择性快衰落4种形式,如图3-13所示。图3-13中所使用符号的说明如表3-6所示[22]。

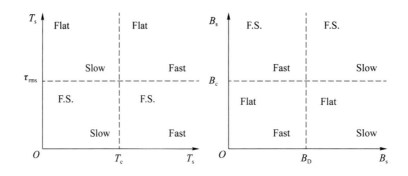

图3-13 信号经过无线移动多径衰落信道时可能产生的衰落

表3-6 图3-13中所使用符号的说明

项目	符号	含义	项目	符号	含义
信号特征	T_s	符号时间	信号特征	B_s	信号带宽
信道特征	T_c	相干时间	信道特征	B_c	相干带宽
	τ_{rms}	均方根时延扩展		B_D	多普勒扩展
衰落类型	Flat	平坦衰落	衰落类型	F. S.	频率选择性衰落
	Slow	慢衰落(非时间选择性衰落)		Fast	快衰落(时间选择性衰落)

3. 典型的 V2V 信道模型

FCC将5.9 GHz为中心的75 Hz带宽分配给了DSRC,然而,在大量车辆实施于实际道路交通场景中之前,可预见的实施应用程序需要通过可靠的信道模型进行测试,需要提炼出简单可行的信道模型来进行理论研究和仿真建模,对网络的性能进行估计。不同于传统的移动网络通信信道模型,VANET(车辆自组织网

络)的信道特征具有一些特点,如车辆的高速移动性会使得信道的波动较快,并且,VANET 采用的是 5.9 GHz 的高频段,使得通信信号的衰减很严重。目前有不少研究从不同的角度和场景对 VANET 的信道模型进行分析[23-25]。这里仅介绍其中几种具有代表性的 V2V 信道模型:①线性延迟抽头模型,通过合成多条径为一个抽头的方式来更接近多普勒功率谱的实际形状,此模型已经被应用于一些商业的标准测试模型中;②宽带马尔科夫信道模型,通过长期实测不同场景下 V2V 信道的功率延迟分布,将信道建模为时变的信道冲击响应宽带模型;③窄带衰落模型,此模型已广泛应用于 DSRC 的协议仿真中,由于 DSRC 为短程通信,因此可以忽略阴影衰落的影响,主要考虑伴随轻微波动的视距(Line of Sight,LOS)信道。其中大尺度路径衰落建模为双斜率分段线性(Dual Slope Piecewise Linear,DSPL)路径损耗模型,小尺度衰落建模为 Nakagami-m 衰落,可以通过改变 m 的值来适应不同的信道状况。下面对此窄带衰落模型进行简单说明。

DSPL 路径损耗模型是折线模型的一个特例,折线模型常用来表示室外短距离信道的路径损耗经验值和距离对数之间的关系。有实验表明,DSPL 路径损耗模型能够更准确地拟合 DSRC 信道测量。DSPL 路径损耗模型可以用路径损耗因子 K、临界距离 d_c 内的路径损耗指数 α_1 以及临界距离外的路径损耗指数 α_2 等参数表征。信道衰落包括大尺度路径损耗和小尺度衰落,则接收功率 $P_r(d)$(单位为 dB)表示为

$$P_r(d) = \begin{cases} P_t + K - 10\alpha_1 \log_{10}\dfrac{d}{d_0} + H(m,\Omega) & , d_0 \leqslant d \leqslant d_c \\ P_t + K - 10\alpha_1 \log_{10}\dfrac{d}{d_0} - 10\alpha_2 \log_{10}\left(\dfrac{d}{d_0}\right) + H(m,\Omega) & , d > d_c \end{cases}$$

(3-7)

其中,P 为参考距离,P_t 为发送功率,K 为确定路径损耗因子。在式(3-7)中还加入了小尺度衰落 $H(m,\Omega)$,m 为 Nakagami-m 衰落参数,Ω 为平均接收功率。由于 IEEE 802.11p 是短距离通信的标准化,因此在 V2V 通信模式方面,基于 LOS 环境和遮蔽的影响来建模是合理的。因此,随机变量 Z 不服从高斯分布而是由多径衰落的统计确定[26-27]。这种传播信道可以使用莱斯衰落或者瑞利衰落随机建

模,然而 Nakagami-m 衰落在 V2V 通信中是小尺度衰落更广义的建模形式,并且可以转化为莱斯衰落或者瑞利衰落。仿真中使用的 DSPL 路径损耗模型中的路径损耗指数和临界距离值列于表 3-7 中。

表 3-7 不同信号传播环境下 α 的值

环境	α 的范围
城市宏小区	3.7～6.5
城市微小区	2.7～3.5
写字楼(同层)	1.6～3.5
写字楼(异层)	2.0～6.0
商店	1.8～2.2
工厂	1.6～3.3
家居	3.0

信号传播很复杂,各种传播环境下的大尺度路径损耗比较难以单一的模型来精确表示。对于要求比较严格的问题,可以采用复杂的解析模型或者通过试验实测数据建立精确模型。如果只是为了对一般的系统进行性能分析,则可以使用能反映信号传播主要特性的简单模型,不需要复杂模型,这对于实际信道只是一种近似的处理方式。因此,目前广泛使用在系统设计中的简化路径传播损耗模型为

$$P_r = P_t K \left(\frac{d_0}{d}\right)^\alpha \tag{3-8}$$

对应的分贝值为

$$P_r(\mathrm{dBm}) = P_t(\mathrm{dBm}) + K(\mathrm{dB}) - 10\alpha \lg \frac{d}{d_0} \tag{3-9}$$

其中,K 为和信道损耗均值以及天线特性相关的常系数,α 为路径传播损耗指数,d_0 为参考距离,可以通过选取相应的 K、d_0 和 α 值来近似经验模型。天线近场存在着散射现象,因此式(3-9)适用于发送距离 $d > d_0$ 时,在室外 d_0 的值一般为 1～10 m,在室内 d_0 一般为 10～100 m,K(单位为 dB)一般取值为全向天线在 d_0 处的自由空间路径增益:

$$K = 20\log_{10}\frac{\lambda}{4\pi d_0} \tag{3-10}$$

K 的值可以通过实测数据来确定,也可以通过与最小化模型的均方误差来优化。α 的值和信号传播环境有关,在近似自由空间 α 的值为 2,在近似两径环境 α 的值为 4,对于更复杂的环境,α 的值还可以根据对实测数据进行最小均方差拟合得到,也可以结合天线高度和频率的经验模型得到[28-30]。路径损耗随着天线高度的增加而趋于减小,随着频率的增大而趋于增大。在表 3-7 中,总结给出了不同信号传播环境下 α 的值。下面将讨论小尺度衰落分布。

Nakagami 分布可以模拟信号衰落环境从严重到轻微衰落等多种衰落。经验测量显示,此分布适用于 C-V2V 通信衰落环境。Nakagami 分布在本章参考文献[31]中被提出,其信号幅度衰落可以表示为概率密度函数(PDF):

$$f_R(R) = \frac{2m^m R^{2m-1}}{\Gamma(m)\Omega^m} e^{-(\frac{m}{\Omega})R^2} \tag{3-11}$$

其中,$R \geqslant 0$ 为信道振幅;$\Omega = E[R^2] = \overline{R^2}$ 为平均接收功率,$E[\cdot]$ 为期望算子;$\Gamma(\cdot)$ 为伽马函数;m 为衰落参数,当 $m=1$ 时,式(3-11)转化为瑞利衰落,令 $m = \frac{(K+1)^2}{2K+1}$,则式(3-11)近似转化为莱斯分布,当 $m=\infty$ 时表示没有衰落,因此 Nakagami 分布除了瑞利分布和莱斯分布外,还可以表示成其他很多种衰落分布。衰落参数 m 决定衰落的程度可以表示为

$$m = \frac{(\overline{R^2})^2}{(R^2 - \overline{R^2})^2} \geqslant \frac{1}{2} \tag{3-12}$$

本章参考文献[26]从郊区的经验测量中提出了两个数据集,根据不同的距离集估计形状参数。本章参考文献[23]对本章参考文献[26]中的数据集 1 采用线性回归来表示 Nakagami-m 参数与发送节点和接收节点间距离的关系。可以观察到,应用线性回归数据集 1 比应用其他数据集拟合得更好,最佳拟合关系可以表示为

$$m = -0.69\ln d + 4.929 \tag{3-13}$$

根据式(3-13),本章参考文献[23]对 Nakagumi-m 参数与发送节点和接收节

点间距离的关系进行仿真分析,如图 3-15 所示。从图中可以看到,随着距离的变化,参数 m 在 0.16 到 5.8 范围内波动。然而,由于 m 低于 0.5 的衰落功率计算太复杂,因此任何小于 0.5 的值都被认作 0.5。

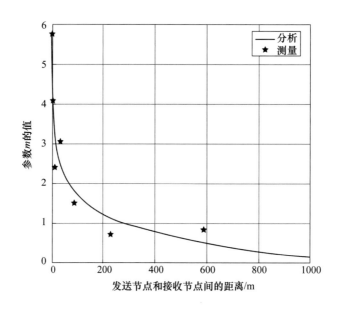

图 3-14 Nakagami-m 参数与距离的关系[23]

综上所述,在本书中,信道传播衰落模型建模为大尺度路径损耗和小尺度衰落的乘积,对式(3-8)中大尺度路径损耗模型进行简化,将常数项 d_0^α 和 K 的乘积用常数 A 表示,并结合本章中小尺度衰落的信号衰落模型,最终得到的简化模型为

$$g(d) = HA\left(\frac{1}{d}\right)^{-\alpha} \tag{3-14}$$

其中 d 表示空间传输距离,α 表示路径损耗衰落因子,H 表示小尺度衰落信道的功率衰落因子。假设参考发送节点和接收节点分别表示为 T_0 和 R_0,干扰发送节点为 T_i,T_i 与参考接收节点 R_0 间的信道功率衰落因子为 H_{ij},所有节点的发送功率都相同,为 P_i,则参考接收节点 R_0 处接收到的干扰信号功率可表示为

$$I = \sum_{i \in T_i} P_i H_{i0} X_i^{-\alpha} \tag{3-15}$$

本章小结

本章分别针对C-V2X中的LTE-V2X和5G NR-V2X物理层的关键技术进行介绍,主要包括波形和参数、时频资源、物理信道和信号结构等。此外,介绍了几种具有代表性的V2V信道模型,不同于传统的移动网络通信信道模型,车联网的信道由于车辆的高速移动性波动较快,并且其采用的是5.9 GHz的高频段,通信信号有较严重的衰减。

本章参考文献

[1] CHANG R W. Synthesis of band-limited orthogonal signals for multichannel data transmission[J]. Bell System Technical Journal,1966,45(10):1775-1796.

[2] SALTZBERG B. Performance of an efficient parallel data transmission system[J]. IEEE Transactions on Communication Technology,1967,15(6):805-811.

[3] PELED A,RUIZ A. Frequency domain data transmission using reduced computational complexity algorithms[C]//ICASSP'80. IEEE International Conference on Acoustics,Speech,and Signal Processing. IEEE,1980:964-967.

[4] WEINSTEIN S,Ebert P. Data transmission by frequency-division multiplexing using the discrete Fourier transform[J]. IEEE transactions on Communication Technology,1971,19(5):628-634.

[5] 3GPP. 3GPP TS 38.211:Physical channels and modulation(Release 16) V16.6.0[S]. 2021.

[6] 3GPP. 3GPP TS 38.212：Multiplexing and channel coding（Release 16）V16.6.0[S].2021.

[7] 3GPP. 3GPP TS 38.213：Physical layer procedures for control（Release 16）V16.6.0[S].2021.

[8] 任晓涛,马腾,刘天心,等. 5G NR Rel-16 V2X 车联网标准[J].移动通信,2020,44(11):33-41.

[9] RAPPAPORT T S. Wireless communications：principles and practice[M]. New Jersey：Prentice Hall PTR,1996.

[10] MOLISCH A F. Wideband wireless digital communications[M]. Beijing：Publishing House of Electronics Industry,2002.

[11] 吴伟陵,牛凯. 移动通信原理[M]. 北京:电子工业出版社. 2005.

[12] TYRIN G L, CALPP F D, JOHNSTON T L, et al. A statistical model of urban multipath propagation[J]. IEEE Transactions on Vehicular Technology,1972,21(1):1-9.

[13] SUZUKI H. A statistical model for urban radio propogation[J]. IEEE Transactions on Communications,1977,25(7):673-680.

[14] HASHEMI H. Simulation of the urban radio propagation channel[J]. IEEE Transactions on Vehicular Technology,1979,28(3):213-225.

[15] SALEH A A M, VALENZUELA R. A statistical model for indoor multipath propagation[J]. IEEE Journal on Selected Areas in Communications,1987,5(2):128-137.

[16] HOWARD S J, PAHLAVAN K. Autoregressive modeling of wide-band indoor radio propagation[J]. IEEE Transactions on Communications,1992,40(9):1540-1552.

[17] HASHEMI H. Impulse response modeling of indoor radio propagation channels[J]. IEEE Journal on Selected Areas in Communications,1993,11(7):967-978.

[18] RAPPAPORT T S, SANHU S. Radio-wave propagation for emerging wireless personal-communication systems[J]. IEEE Antennas and Propagation Magazine, 1994, 36(5): 14-24.

[19] JANSSNE G J M, STIGTER P A, PRASAD R. Wideband indoor channel measurements and BER analysis of frequency selective multipath channels at 2.4, 4.75, and 11.5GHz[J]. IEEE Transactions on Communications, 1996, 44(10): 1272-1288.

[20] CHEUNG K W, SAU J H M, MURCH R D. A new empirical model for indoor propagation prediction[J]. IEEE Transactions on Vehicular Technology, 1998, 47(3): 996-1001.

[21] SPENCER Q H, JEFFS B D, JENSEN M A, et al. Modeling the statistical time and angle of arrival characteristics of an indoor multipath channel[J]. IEEE Journal on Selected Areas in Communications, 2000, 18(3): 347-360.

[22] 罗涛, 乐光新. 多天线无线通信与应用[M]. 北京: 北京邮电大学出版社, 2005.

[23] ISLAM T, HU Y, OBUR E, et al. Realistic simulation of IEEE 802.11p channel in mobile vehicle to vehicle communication[C]//2013 Conference on Microwave Techniques (COMITE). IEEE, 2013: 156-161.

[24] ACOSTA G, INGRAM M. Doubly selective vehicle to vehicle channel measurements and modeling at 5.9 GHz[C] // In Proc. Wireless Pers. Multimed. Commun. Conf.. 2006: 13-16.

[25] SEN I, MATOLAK D W. Vehicle-vehicle channel models for the 5 GHz band[J]. IEEE Tans. Intelligent Transportation Sys., 2008, 9(2): 235-245.

[26] CHENG L, HENTY B E, STANCIL D D, et al. Mobile vehicle-to-vehicle narrow-band channel measurement and characterization of the 5.9GHz dedicated short range communication (DSRC) frequency band[J]. IEEE

Journal on Selected Areas in Communications, 2007, 25(8): 1501-1516.

[27] GRAU G P, PUSCEDDU D, REA S, et al. Vehicle-2-vehicle communication channel evaluation using the CVIS platform [C] // IEEE 7th International Symposium on Communication Systems Networks and Digital Signal Processing (CSNDSP). 2010: 449-453.

[28] RAPPAPORT T S. Wireless communication-principles and practice[M]. 2nd ed. Prentice-Hall, Englewood Cliffs, NJ, 2001.

[29] SEIDEL S Y, RAPPAPORT T S, JAIN S, et al. Path loss, scattering and multipath delay statistics in four European cities for digital cellular and microcellular radiotelephone[J]. IEEE Transactions on Vehicular Technology, 1991, 40(4): 721-730.

[30] OWEN F C, PUDNEY C D. Radio propagation for digital cordless telephones at 1700MHz and 900MHz [J]. Eles. Lett. Sep., 1988: 52-55.

[31] YACOUB M D, BARBIN M V, De CASTRO M S, et al. Level crossing rate of Nakagami-m fading signal: field trials and validation [J]. IEEE Electronics Letters, 2000, 36 (4): 355-357.

第 4 章
C-V2X 分布式资源分配机制

本章首先对基于自主资源选择的 C-V2X 分布式资源分配机制进行建模和性能分析,从节点分布、信道模型和资源分配机制方面介绍系统模型,并通过理论分析资源分配带来的冲突问题以及参考接收节点的干扰影响,推导基于中断约束的车辆成功传输密度。并且,本章基于此分析结果,提出了一种降低分布式资源竞争冲突的基于短期侦听辅助的分布式资源分配机制——STS-RS 机制,并对此机制进行了性能分析和比较。

4.1 系统模型

C-V2X 采用单载波正交频分多址接入技术(Single-Carrier Frequency-Division Multiple Access,SC-FDMA),支持 10 MHz 和 20 MHz 信道。每一个信道又进一步可以划分为子帧、资源块(Resource Block,RB)和子信道。时域上,每 10 ms 被组织成一个系统帧(system frame),每个系统帧包含 10 个 1 ms 的子帧(subframe),通常一个子帧即一个传输时间间隔(Transmission Time Interval,TTI)。资源块为系统分配给用户的最小频域资源单元,每个资源块包含 12 个子载波。当子载波间隔为 15 kHz 时,每一个资源块的带宽为 180 kHz。C-V2X 中定义子信道为同一子帧中频域连续的一组资源块,其用于传输数据和控制信息。

数据以传输块(Transmission Block,TB)的形式在物理侧向链路共享信道(Physical Sidelink Shared Channel,PSSCH)传输,一个传输块包含需传输的一个完整的数据包。用户在发送 TB 的同时必须附带传输其侧向链路控制信息(Sidelink Control Information,SCI),控制信息在物理侧向链路控制信道(Physical Sidelink Control Channel,PSCCH)传输,每个控制信道占用 2 个资源块。用户在传输 TB 时采用的调制方式为 QSPK 或 16-QAM,而传输 SCI 时必须采用 QPSK 调制。SCI 为 C-V2X 的信令开销,包含 TB 的调制编码策略、占用的资源块和半持久调度中的资源预留间隔,这些信息对其他车辆接收和解调该 TB 的数据包至关重要。TB 和其相应的 SCI 必须在同一子帧上传输。C-V2X 定义了两种子信道模式[1],如图 4-1 所示。

(1) 相邻的 PSCCH+PSSCH:TB 与 SCI 传输在相邻的资源块上。每一次的 SCI+TB 传输根据数据包的大小占用一个或几个子信道。其中,SCI 占用该传输的第一个子信道的前两个资源块,而 TB 占用其后的资源块。

(2) 非相邻的 PSCCH+PSSCH:在非相邻的子信道模式中,资源块被划分为不同的资源池。其中一个资源池只用来传输 SCI,每个 SCI 占 2 个 RB;另一个资源池被预留用来传输 TB,并划分为多个子信道。

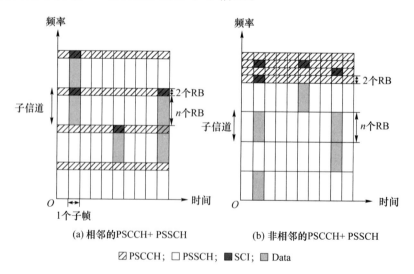

图 4-1　C-V2X 的子信道模式

在资源选择模式 C-V2X mode 4 中，车辆可以自主选择无线传输资源。而车辆是否采用 C-V2X mode 4 并不完全取决于车辆是否在基站覆盖范围内。当车辆在基站覆盖范围内时，由网络决定如何配置 C-V2X 信道，并通过侧向链路 C-V2X 配置参数告知车辆这些配置信息[2]。配置信息包括 C-V2X 信道的载波频率、V2X 资源池、同步参考信息、子信道划分机制、每个子帧的子信道个数和每个子信道的 RB 数等。当车辆不在基站覆盖范围内时，则采用一组预先配置好的参数。C-V2X 资源池配置指示了信道中的哪些子帧可用于 C-V2X 通信，其余子帧可由包括蜂窝通信在内的其他服务使用。标准中还包括一种根据地理位置区域划分 C-V2X 资源池的选项（称为分区[2]）。在这种情况下，某一区域中的车辆只能利用已分配给此区域的资源池。

在 C-V2X mode 4 中车辆采用基于监听的半持久资源选择机制进行自主资源选择。在半持久资源选择机制中车辆为随机数量的连续数据包预留选定的资源。此随机数量 C_{res} 取决于每秒传输的数据包数量 λ，与数据包传输间隔成反比。对于 λ 等于 10 Hz、20 Hz 和 50 Hz，随机数量 C_{res} 分别在 5 和 15 之间、10 和 30 之间以及 25 和 75 之间选择。当车辆需要预留新资源时，它会随机选择一个重选计数器。每次发送后，重选计数器递减一。当重选计数器的值减为 0，或新到来的数据包不适合之前车辆预留的资源时，车辆将以 $1-p$ 的概率重新选择资源（p 通常设置在 0 到 0.8 之间）。每个车辆在其 SCI 中都包括其数据包传输间隔和其重选计数器的值。车辆在进行资源选择和预留时，使用此信息来估计哪些资源是空闲的，以减少数据包冲突。如图 4-2 所示，资源选择的过程分为以下 3 个步骤。

（1）步骤一：建立初始候选资源列表 L1。当车辆 v_t 需要发送新的数据包并且重选计数器为零时，v_t 必须在资源选择窗口内预留新的资源。资源选择窗口是数据包生成时间（t_b）与定义的最大时延之间的时间窗口。对于 $\lambda=10$ Hz，最大时延为 100 ms；对于 $\lambda=20$ Hz，最大时延为 50 ms；对于 $\lambda=50$ Hz，最大时延为 20 ms。在资源选择窗内，车辆确定所有的候选资源。在此，候选资源被定义为同一子帧中要传输的数据包（SCI+TB）对应的一组相邻子信道。

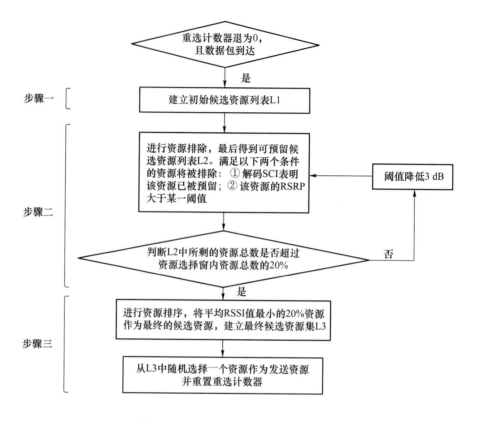

图 4-2　C-V2X mode 4 的资源选择过程

（2）步骤二：分析前 1 000 ms 所接收到的信息，进行资源排除。由于车辆除发送数据时均处于监听状态，通过解码 SCI 和能量检测，车辆可以获知各资源的干扰情况和预留状态。车辆在进行资源排除后，可建立可预留候选资源列表 L2。满足以下两个条件的资源将被排除。

① 在前 1 000 ms 中，若车辆成功接收了另一车辆的 SCI，表明该资源在当前车辆（若选择当前资源）的下一次传输或接下来的任何一次传输中已被预留。

② 车辆检测到该 SCI 指示的传输 TB 的资源块上的参考信号接收功率 (Reference Signal Received Power, RSRP) 大于某一阈值。

除此之外，对于资源选择窗内的子帧 F，若在前 1 000 ms 内的子帧 $F-100j$ ($j\in \mathbf{N}, 1\leqslant j\leqslant 10$) 中，车辆处于发送状态，该子帧 F 内的所有候选资源都被排除。这是因为车辆采用半双工传输，车辆在发送的同时无法接收其他车辆的信息，所以无法接收其他车辆的 SCI，无法判定该资源是否被占用。

在进行步骤二的资源排除后,L2中所剩的资源总数必须超过资源选择窗内资源总数的20%。如果不足,则降低RSRP阈值3 dB,重复步骤二,直到L2中的资源数满足需求。

(3)步骤三:基于RSSI进行资源排序。车辆检测L2中各个资源的平均接收信号强度(Received Signal Strength Indicator,RSSI),并按照从小到大的顺序排列。将平均RSSI值最小的20%(N个)资源作为最终的候选资源,建立最终候选资源集L3。如图4-3所示,对于子帧t_{CSR}上的候选资源,用于排序的平均RSSI值为前1 000 ms内,子帧$t_{CSR}-100j(j\in \mathbf{N}, 1\leqslant j \leqslant 10)$上该资源的RSSI值的平均值,即

$$\text{Average RSSI} = \frac{\sum_{j=1}^{10}\text{RSSI}\{t_{CSR}-100j\}}{10} \quad (4\text{-}1)$$

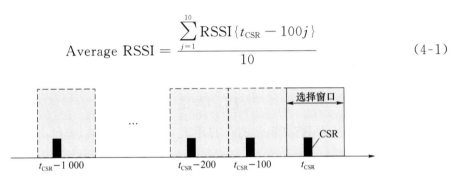

图4-3 资源的平均RSSI值计算示意图

在执行完以上3个步骤之后,车辆最终从L3中随机选择一个资源作为发送资源,并在SCI中包含该资源的预留信息。

4.2 C-V2X mode 4 的性能分析

根据4.2.1节中对C-V2X mode 4基于自主资源选择机制的描述,车辆使用SPS调度方案为车辆间信息传输保留资源,但即使这种资源的半持久性预留在一定程度上减少了数据包冲突,不同车辆在随机预留资源时仍然存在不可控的因素导致传输中断。

车辆节点要成功传输数据包,需要考虑资源分配引起的发送失败和隐藏节点

在数据传输过程中产生干扰引起的中断。具体来说，监听范围内的节点虽然可以成功接收 SCI 信息，但是若两个节点在相近的时刻均进行资源重选，则会由于没有历史 SCI 信息，无法排除对方的资源，进而造成资源选择冲突。除此之外，隐藏节点指的是由于距离发送节点较远，节点正确解码其 SCI 或接收功率在监听阈值以下，因此发送节点将不会排除隐藏节点占用的资源。隐藏节点虽然在发送节点的监听范围以外，但在某些情况下却在接收节点的干扰范围内，若发生资源选择冲突，将导致数据包无法成功接收。因此，我们定义传输中断概率为

$$p_{\text{out}} = 1 - (1 - p_{\text{se-coll}})(1 - p_{\text{hd-coll}}) \tag{4-2}$$

其中，$p_{\text{se-coll}}$ 表示资源选择冲突引起的中断概率（资源选择冲突概率），$p_{\text{hd-coll}}$ 表示隐藏节点干扰引起的中断概率（隐藏节点干扰概率）。则某次传输的 PDR 可以表示 $\text{PDR} = 1 - p_{\text{out}}$。

在理论分析中，信号衰减模型建模为

$$L(x) = L_0 \cdot x^\alpha \tag{4-3}$$

其中，x 为发送节点到接收节点之间的距离，α 为路径损耗因子，L_0 为参考距离是 1 m 的路径损耗。当接收节点的信干噪比（SINR）低于相应的阈值时，就会发生传输中断。因此，接收节点处的 SINR 可以被计算为

$$\theta_{\min} = \frac{\dfrac{P_t G_r}{L_0 d_r^\alpha}}{P_N + \displaystyle\sum_{i \in [1, n_{\text{int}}]} \dfrac{P_t G_r}{L_0 (d_{\text{int}}^{(i)})^\alpha}} \tag{4-4}$$

其中，G_r 为接收节点处的天线增益，d_r 为发送节点与接收节点间的距离，d_{int} 为干扰节点与发送节点间的距离，n_{int} 为干扰节点的数量，P_N 为噪声功率。

在本书中，定义网络吞吐量为单位面积上所有节点在单位时间内成功传输的数据量，具体定义如式（4-5）所示。

$$C_T = \rho Q (1 - \tau) R \tag{4-5}$$

其中，ρ 为网络中发送节点的密度，Q 为网络中节点的平均发送概率，τ 为给定距离下的中断概率，R 为节点间传输的数据速率（通常把 R 设为固定值或者归一化为 1 bit/s）。

接下来将分别针对周期性业务和非周期性业务对 C-V2X mode 4 的中断概率

和包传输率(PDR)进行理论分析。

(1) 周期性业务

如图 4-4 所示,为了计算碰撞概率,我们用 r_{sen} 表示每辆车的监听范围。给定监听阈值 P_{sen},即在监听范围 r_{sen} 内最远距离接收到的信号功率不低于 P_{sen},则 r_{sen} 可以推导为

$$r_{\text{sen}} = \left(\frac{P_t G_r}{L_0 P_{\text{sen}}} \right)^{\frac{1}{\alpha}} \tag{4-6}$$

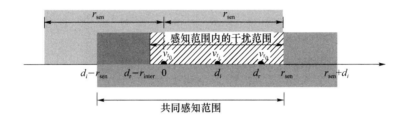

图 4-4 感知范围内的资源选择冲突示意图

假设发送节点 v_{t_0} 与接收节点 v_{r_0} 间的距离为 d_r。我们用 r_{inter} 表示最大干扰范围,此范围内的车辆与发送节点使用相同的传输资源就会造成干扰,导致接收节点处的 SINR 低于最小 SINR 阈值 $\theta_{\min}$,由式(4-4)可得

$$\theta_{\min} = \frac{\dfrac{P_t G_r}{L_0 d_r^\alpha}}{\xi_{\text{BW}} P_N + \dfrac{P_t G_r}{L_0 r_{\text{inter}}^\alpha}} \tag{4-7}$$

其中 ξ_{BW} 是传输中的所用带宽,噪声贡献取决于它。接下来,由式(4-7)可推导出接收节点处的最大干扰范围:

$$r_{\text{inter}} = \left[\frac{P_t G_r}{\dfrac{P_t G_r}{\theta_{\min} \cdot d_r^\alpha} - \xi_{\text{BW}} P_N L_0} \right]^{\frac{1}{\alpha}} \tag{4-8}$$

① 资源选择冲突概率 $p_{\text{se-coll}}$

对于距离为 d_i 的一个节点,在分别进行资源排除后,其与发送节点随机选中同一个资源的概率 $p_c(d_i)$ 取决于它们共同候选资源的数量。

$$p_c(d_i) = \frac{1}{\tau} \cdot \frac{C_C(d_i)}{N_C^2} \tag{4-9}$$

其中，$d_i \in [d_r - r_{\text{inter}}, r_{\text{sen}}]$，$\dfrac{1}{\tau}$ 为车辆在此范围中执行资源重新选择的概率，N_C 为资源排除后剩余的候选资源数，$C_C(d_i)$ 为距离为 d_i 的两个节点共同候选资源的数量。候选资源与排除资源如图 4-5 所示，故

$$C_C(d_i) = N - 2N_E + C_E(d_i) \tag{4-10}$$

其中：N 为资源选择窗内的资源数，$N = N_T N_F$；N_T 为资源选择窗内包含的子帧数；N_F 为每个子帧的子信道个数；$C_E(d_i)$ 为距离 d_i 的两个节点共同排除的资源数；N_E 为每个车辆平均排除的资源数（假设每个车辆两侧排除的资源数相同）。在实际场景中，由于资源选择冲突，因此可能存在两个车辆同时占用一个资源的情况，这样对于参考节点来说，只排除了一个资源。我们通过如下迭代公式来近似地拟合车辆数与占用资源数的关系。

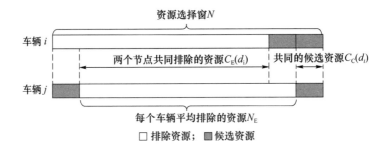

图 4-5 候选资源与排除资源

$$N_R(n_v) = \begin{cases} n_v, & n_v \leqslant n_r \\ N_R(n_v - 1) + \dfrac{N - N_R(n_v - 1)}{N - n_r}, & n_v > n_r \end{cases}$$

$$= \begin{cases} n_v, & n_v \leqslant n_r \\ N - \dfrac{(N - n_r - 1)^{t - n_r}}{(N - n_r)^{t - n_r - 1}}, & n_v > n_r \end{cases} \tag{4-11}$$

其中，n_v 为一定范围内的车辆数，$N_R(n_v)$ 为这些车辆占用的资源数，$n_r = r_{\text{sen}} \rho$ 为监听范围内单边的平均车辆数。

N_E 可以看作监听范围内车辆占用的资源数，即

$$N_E = N_R(2n_r) \tag{4-12}$$

发射节点和干扰节点都能感知到的范围为 $[d_i - r_{\text{sen}}, r_{\text{sen}}]$。因此，发送节点与

干扰节点共同监听到的车辆数为

$$C_v = (2r_{sen} - d_i)\rho \tag{4-13}$$

这些车辆占用的资源数为 $C_{rv} = N_R(C_v)$。共同排除的资源数 C_E 为

$$C_E = C_{rv} + (N_E - C_{rv})\frac{N_E}{N} \tag{4-14}$$

结合以上分析,由资源选择冲突概率可以表示为

$$p_{se\text{-}coll} = 1 - \prod_{d_i \in [d_r - r_{inter}, r_{sen}]} [1 - p_c(d_i)] \tag{4-15}$$

② 隐藏节点干扰概率 $p_{hd\text{-}coll}$

如图 4-6 所示,隐藏范围内的发射车辆不能被发射节点 v_{t_0} 感知,并会在接收节点 v_{r_0} 上发生碰撞,隐藏范围记为

$$r_{ht} = d_r + r_{inter} - r_{sen} \tag{4-16}$$

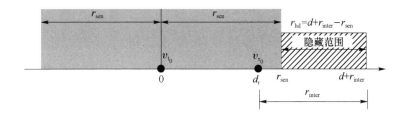

图 4-6 隐藏节点干扰示意图

隐藏范围内的平均车辆数量为

$$\bar{n}_{ht} = r_{ht}\rho \tag{4-17}$$

因此,发送节点 v_{t_0} 选择与隐藏节点选择相同资源传输的碰撞概率(即隐蔽节点干扰概率)可以表示为

$$p_{hd\text{-}coll} = \frac{\bar{n}_{ht}}{N_C}(1 - \delta_{coll}) \tag{4-18}$$

其中 δ_{coll} 是在隐藏节点间发生选择冲突的概率。与式(4-9)的计算方法相似,两个隐藏节点同时在同一资源上传输的概率 $p_{sim\text{-}hd}$ 为

$$p_{sim\text{-}hd}(d_{i,k}) = \frac{1}{\tau} \cdot \frac{C_C(d_{i,k})}{N_C^2} \tag{4-19}$$

其中 $d_{i,k}$ 为两个隐藏节点之间的距离。则 δ_{coll} 可计算为

$$\delta_{\text{coll}} = 1 - \prod (1 - p_{\text{sim-hd}}(d_{i,k})) \tag{4-20}$$

基于以上的分析,我们可以获得单节点的资源选择冲突概率和隐藏节点干扰概率,由此可以计算出周期性业务下的传输中断概率:

$$p_{\text{out-per}} = 1 - (1 - p_{\text{se-coll}})(1 - p_{\text{hd-coll}}) \tag{4-21}$$

PDR 为 $p_{\text{PDR}_{\text{per}}} = 1 - p_{\text{out-per}}$。进而基于式(4-5)可以得到网络吞吐量。

(2) 非周期业务

周期性业务的数据包大小固定且数据包周期性到达,因此通过节点可以周期性地占用所选中的资源,当下一次数据包到达时,可以使用之前预留的资源进行传输。只有当重选计数器退减为 0 时,需要进行新的资源选择和预留。而非周期性业务的数据包大小和到达间隔都是随机的。若数据包到达,而之前预留的资源不能满足数据包大小或时延的要求,则必须进行资源重选。频繁的资源重选会导致较大的资源选择冲突。同时,由于预留资源常常不能被使用,因此在监听的历史信息中,预留信息并不具有可靠的参考性,无法进行有效的资源排除。因此,C-V2X mode 4 在非周期业务中变为资源的随机选择。下面首先来分析非周期业务中的资源选择冲突概率。

当车辆 v_{t_0} 需要为非周期业务预留传输资源时,它可以在资源选择窗中随机选择一个候选资源保留并将其用于传输。因此,不同车辆的公共候选资源数量近似于资源选择窗中的资源总数。假设 λ 为每车每秒传输的数据包数,设每秒有 1 000 个子帧,则资源选择窗中的候选资源总数可以计算为 $N = 1\,000 \frac{N_{\text{F}}}{\lambda}$。车辆选择了资源选择窗中任意资源的概率可以为

$$p_{\text{sim-aper}} = \frac{1}{N} = \frac{\lambda}{1\,000 N_{\text{F}}} \tag{4-22}$$

为了计算资源选择冲突概率,我们首先用 r_{tran} 表示每辆车的传输距离。给定最小 SINR 阈值 $\theta_{\min}$,r_{tran} 可以推导为

$$r_{\text{tran}} = \left[\frac{P_{\text{t}} G_{\text{r}}}{\frac{P_{\text{t}} G_{\text{r}}}{\theta_{\min} \cdot d_{\text{r}}^{\alpha}} - \xi_{\text{BW}} P_{\text{N}} L_0} \right]^{\frac{1}{\alpha}} \tag{4-23}$$

那么,在参考接收节点 v_{r_0} 两侧传输范围 r_{tran} 内的平均车辆数为

$$\bar{n}_{\text{tran}} = 2r_{\text{tran}}\rho \tag{4-24}$$

结合式(4-22)~(4-24)可以得出,非周期业务中由资源选择冲突概率为

$$p_{\text{out-aper}} = 1-(1-p_{\text{sim-aper}})^{\bar{n}_{\text{tran}}-1} \tag{4-25}$$

PDR 为 $p_{\text{PDR}_{\text{aper}}} = 1-p_{\text{out-aper}}$。进而基于式(4-5)可以得到网络吞吐量。

4.3 基于短期侦听辅助的分布式资源分配机制

针对 C-V2X mode 4 中减少资源争用的关键问题,提出了一种基于短期侦听辅助的分布式资源分配机制——STS-RS 机制。也就是说,在资源选择之前执行了短时间的回退,而不会造成额外的延迟开销,并且消息最终是否在所选资源上传输取决于短时间的感知结果。资源单元配置如图4-7所示,其中感知持续时间在资源单元开始时配置,每个感知单元可以进行感知测量。将感知持续时间长度定义为若干个感知单元,该感知单元长度可以假设为一个符号。

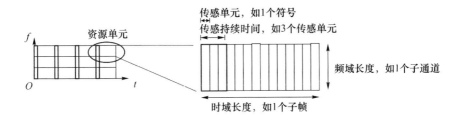

图 4-7 资源配置单元

STS-RS 机制的方案如下。

(1) 资源选择窗口确定和资源排除。当数据包到达并在 T 时刻触发资源选择时,vehicle(V)在资源选择窗口 $[T+T_1, T+T_2]$ 中执行资源选择,如图4-8所示。如果当前子帧中没有获得候选资源,则在下一个子帧进行短期侦听。车辆 V 从感应定时器倒计时到零的瞬间开始进行信息传输。消息传输遵循已配置的参考信号和数据资源映射模式。如果消息要在多个连续的子帧上传输,则可以在每个子帧或第一个子帧上执行短期传感,并且可以通过 SCI 为下列子帧保留传输资

源。在后续子帧中继续基于短时感知的资源选择。在资源选择窗口中执行短期感知之前,V 通过资源排除过程排除了邻近车辆所选择的资源单元,如 SCI 指示的连续资源单元,以及所选择资源上测量的 RSRP 高于给定阈值。

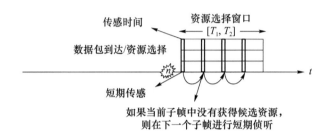

图 4-8 资源选择窗和资源排除

(2) 基于短期感知的资源选择。车辆在进行资源选择时,会在资源的部分或全部感知时间进行感知,并根据感知结果来决定是否对资源进行传输。传感定时器由 V 设置,可根据传输包优先级或传输车辆密度选择值。基于短期感知的资源选择过程如图 4-9 所示,V 从感知持续时间开始,到感知定时器失效或者没有可用的候选资源存在时,对每个感知单元进行短期检测。如果检测结果超过定义的阈值,V 将放弃资源并冻结计时器,并在对新子帧执行感知时重新启动此冻结计时器。当计时器计数为零时,V 选择消息传输的候选资源。也就是说,只有当 V 设置的感知定时器值在所有竞争车辆中最小时,才最终允许预先选择的候选资源在当前子帧上进行消息传输。

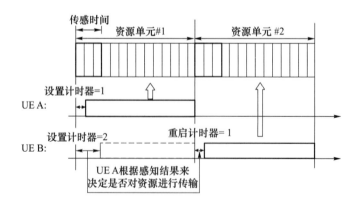

图 4-9 基于短期感知的资源选择过程

(3) 消息传输。车辆 V 从感应定时器倒计时到零的瞬间开始进行信息传输。消息传输遵循已配置的参考信号和数据资源映射模式。如果消息要在多个连续的子帧上传输，则可以在每个子帧或第一个子帧上执行短期感知，并且可以通过 SCI 为后续子帧保留传输资源。

4.4 STS-RS 机制的性能分析

根据 STS-RS 的定义，只有当所有竞争者中感知定时器的值最小时，才允许参考车辆预先选择的候选资源在当前子帧上进行消息传输。竞争车辆是指随机选择相同候选资源的车辆。也就是说，当感知定时器设置的值大于其他竞争者时，当前帧上预先选择的候选资源被丢弃，此时参考车辆在当前子帧中发生传输碰撞。本节分别针对周期性业务和非周期性业务对 STS-RS 机制中的传输冲突和包传输率(PDR)进行理论分析。

(1) 周期性业务

对于周期性业务，车辆在选择资源之前首先进行短期侦听。基于 4.3.1 节中的描述，当多个车辆选择相同的资源并且它们的后退计数器计数相同时，就会造成资源选择冲突。此外，如果在资源选择窗口内或在所需的数据包传输时延内由于竞争资源失败而无法选择合适资源进行传输，则也会发生中断。因此，中断概率可以表示为

$$q_{\text{out-per}} = 1 - (1 - q_{\text{se-coll}})(1 - q_{\text{hd-coll}})(1 - q_{\text{abd-per}}) \tag{4-26}$$

其中，$q_{\text{se-coll}}$ 为感知范围内资源选择冲突的概率，$q_{\text{hd-coll}}$ 为隐藏节点干扰导致中断的概率，$q_{\text{abd-per}}$ 为竞争资源失败导致中断的概率。

假设每个车辆设置的传感定时器的感知持续时间均匀分布在 $[0, \text{SD}]$ 上，则竞争车辆在传感单元中进行传输的概率为

$$q_{\text{unit}} = \frac{1}{\text{SD}+1} \tag{4-27}$$

由 4.2.2 节可得，发生资源选择冲突的概率为

$$q_{\text{c}}(d_i) = \frac{1}{\tau} \cdot \frac{C_{\text{C}}(d_i)}{N_{\text{C}}^2} \cdot q_{\text{unit}} \tag{4-28}$$

则 $q_{\text{se-coll}}$ 可计算为

$$q_{\text{se-coll}} = 1 - \prod_{d_i \in [d_r - r_{\text{inter}}, r_{\text{sen}}]} [1 - q_{\text{c}}(d_i)] \tag{4-29}$$

接下来,我们计算由竞争资源失败导致传输中断的概率 $q_{\text{abd-per}}$。根据短期侦听过程的设计,如果感知测量结果高于规定的短期侦听阈值,则参考发送节点 v_{t_0} 应放弃该候选资源,即该候选资源被其他车辆占用。因此,中断概率 $q_{\text{abd-per}}$ 为

$$\begin{aligned} q_{\text{abd-per}} &= \left\{ 1 - E\left[\prod_{i \in \Phi_c} \Pr(t_i \geqslant t) \right] \right\}^{N_{\text{C}}} \\ &= \left[1 - \int_0^{\text{SD}} \frac{1}{\text{SD}} e^{-2 \frac{r_{\text{ran}} \rho q_{\text{se-coll}}}{\text{SD}} \cdot t} \, dt \right]^{N_{\text{C}}} \\ &= \left(1 - \frac{1 - e^{-2\rho q_{\text{se-coll}} r_{\text{tran}}}}{2\rho q_{\text{se-coll}} r_{\text{tran}}} \right)^{N_{\text{C}}} \end{aligned} \tag{4-30}$$

其中,Φ_{c} 指在参考接收节点 v_{r_0} 的传输范围内选择与 v_{t_0} 相同资源的所有竞争车辆的集合,t_i 是第 i 个竞争车辆的传感定时器。

另外,此处 $q_{\text{hd-coll}}$ 的推导与 C-V2X mode 4 中 $p_{\text{hd-coll}}$ 的推导相同。

结合以上分析,利用式(4-26)可得到周期性业务在 STS-RS 机制下的中断概率 $q_{\text{out-per}}$,PDR 为 $q_{\text{PDR}_{\text{per}}} = 1 - q_{\text{out-per}}$。进而基于式(4-5)可以得到网络吞吐量。

(2) 非周期业务

对于非周期业务,车辆在资源选择窗口中随机选择资源之前先执行短期侦听。导致传输中断的主要原因是资源选择冲突和资源被迫放弃。具体来说,在当前资源下,只要有一个其他竞争车辆的感知定时器和参考车辆的计时器同时被计算为零,就会发生资源选择冲突。此外,如果在资源选择窗口内或所需的数据包传输时延内由于竞争失败而被迫放弃候选资源,则也会发生传输中断。

我们首先分析由于资源选择冲突而导致传输中断的概率 $q_{\text{coll-aper}}$。$q_{\text{se-aper}}$ 表示至少有一个其他节点 v_k 与发送节点 v_{t_0} 随机选择到相同候选资源的概率,q_{count} 为至少有一个其他竞争者的计时器在同一资源中与发送节点同时计算为零的概率。与式(4-25)对 $p_{\text{out-aper}}$ 的推导相似,$q_{\text{se-aper}}$ 可计算为

$$q_{\text{se-aper}} = 1 - (1 - p_{\text{sim-aper}})^{\bar{n}_{\text{tran}} - 1} \tag{4-31}$$

那么,在发送节点 v_{r_0} 两侧传输范围内选择同一候选资源的平均竞争者数量为

$$\bar{n}_{\text{se}} = \bar{n}_{\text{tran}}(1-(1-p_{\text{sim-aper}})^{\bar{n}_{\text{tran}}-1}) \tag{4-32}$$

假设每个车辆设置的传感定时器的持续时间均匀分布在 $[0,\text{SD}]$ 上,则竞争车辆在传感单元中进行传输的概率为

$$q_{\text{unit}} = \frac{1}{\text{SD}+1} \tag{4-33}$$

至少有一个竞争车辆与参考发送节点 v_t 的传感定时器计数相同的概率为

$$q_{\text{count}} = 1-(1-q_{\text{unit}})^{\bar{n}_{\text{se}}-1} \tag{4-34}$$

结合以上分析,可计算得到 STS-RS 机制下的资源选择冲突概率为 $q_{\text{coll-aper}} = q_{\text{se-aper}}q_{\text{count}}$。在非周期业务中,$q_{\text{abd-per}}$ 的推导与周期业务中 $q_{\text{abd-per}}$ 的推导类似,由于竞争失败放弃候选资源而传输中断的概率为

$$q_{\text{abd-aper}} = \left(1-\frac{1-e^{-2\rho q_{\text{se-aper}}r_{\text{tran}}}}{2\rho q_{\text{se-aper}}r_{\text{tran}}}\right)^N \tag{4-35}$$

最后,将以上结果分别代入式(4-36),可得到非周期业务在 STS-RS 机制下的传输中断概率为

$$q_{\text{out-aper}} = 1-(1-q_{\text{coll-aper}})(1-q_{\text{abd-aper}}) \tag{4-36}$$

PDR 为 $q_{\text{PDR}_{\text{aper}}} = 1-q_{\text{out-aper}}$。进而基于式(4-5)可以得到网络吞吐量。

4.5 仿真与数值分析

本节分别对 C-V2X mode 4 和所提出的 STS-RS 机制进行了评估,并将其与 SPS 方案进行了比较。使用 C++在微软 VisualStudio 中模拟调度和通信,并且为了验证本章理论分析结果,利用 Matlab 进行了一系列的数值仿真。参数设定参考 3GPP V2X 的仿真标准,部分关键参数设定如表 4-1 所示。

表 4-1 仿真参数

仿真参数	取值
发送功率 P_t	23 dBm

续表

仿真参数	取值
路径损耗因子 α	2.75
单位距离路径损耗 L_0	47.86 dB
SIR 阈值 β	7.3 dB
数据速率 R	1（归一化）
发送概率 Q	1
划分资源集个数 N_{RS}	4

图 4-10 和图 4-11 分别展示了周期性和非周期性业务场景中 C-V2X mode 4 与 STS-RS 机制的 PDR 随传输距离变化的曲线，此处车辆密度为 0.15 veh/m。图中虚线为系统仿真结果，而实线为理论分析的结果。从图中可以看出，理论分析的曲线与系统仿真曲线基本吻合，随着传输距离的增加，PDR 逐渐降低。同时，在相同条件下可以看出 STS-RS 的 PDR 高于 SPS 方案的。这是因为 STS-RS 设计的短期侦听可以有效地减少感知范围内的资源选择冲突。

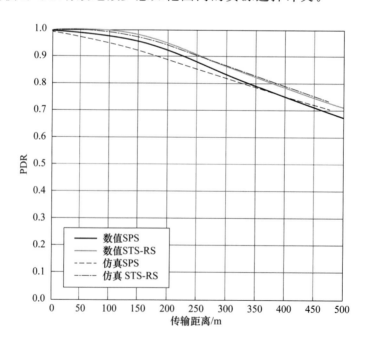

图 4-10　周期性业务场景下 PDR 随传输距离变化的曲线，车辆密度＝0.15 veh/m

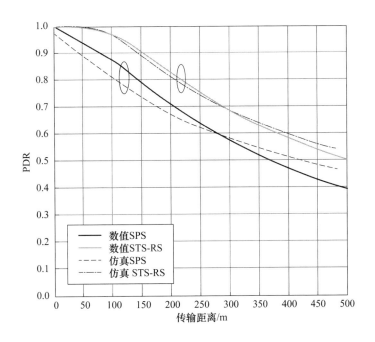

图 4-11　非周期性业务场景下 PDR 随传输距离变化的曲线

图 4-12 展示了车辆密度对 C-V2X mode 4 性能的影响。从图中可以看出，在其他条件相同的情况下，对于同样的传输距离，车辆密度 ρ 越高，传输的 PDR 越低。这是由于随着车辆密度升高，干扰节点数量增多，更多的车辆使用有限的资源，导致资源选择冲突增大，干扰变大，可靠性降低。图 4-13 展示了子信道个数对 C-V2X mode 4 性能的影响。如图 4-13 所示，子信道数量越多，传输的可靠性越高。这一因素影响可靠性的原因为，每个子帧含有的子信道数量增多，资源选择窗内的资源总数增多，可选资源变得更多，导致资源选择冲突概率降低。此外，增加子信道数量在车辆密度高的业务场景下对性能的提升更明显。

图 4-14 分析了周期性业务中监听阈值 P_{sen} 对 C-V2X mode 4 性能的影响。C-V2X mode 4 中车辆采用基于监听的半持久调度方式，通过解码其他车辆的 SCI 来获取资源占用情况，从而进行资源排除，减少资源选择冲突。图中 —△— 和 —✳— 的曲线分别代表了造成 C-V2X mode 4 资源选择冲突的两个因素。如图 4-14 所示，中断概率随着监听阈值的增大，先减小后增大。该变化的原因为：随着监听阈值的增大，以及排除的资源数的减少，导致监听范围内由于资源重选所造成的中断

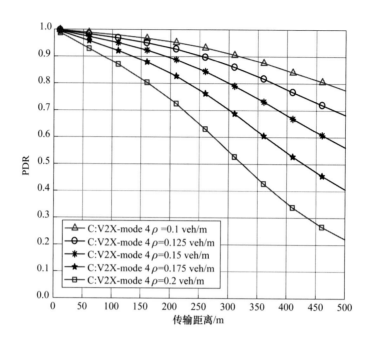

图 4-12 周期性业务场景下车辆密度对 C-V2X mode 4 性能的影响

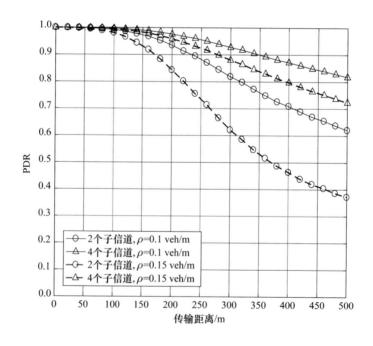

图 4-13 周期性业务场景下子信道数量对 C-V2X mode 4 性能的影响

概率减小。而同时,随着监听阈值的增大,监听范围减小,隐藏节点的数量增多,隐藏节点造成的中断概率增加。这说明,在基于监听的资源选择机制中,合适的监听阈值的设定是十分必要的。

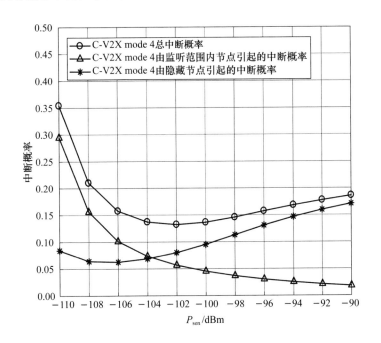

图 4-14　周期性业务场景下 C-V2X mode 4 中监听阈值对中断概率的影响

图 4-15 展示了监听阈值 P_{sen} 分别为 $-100\ dBm$、$-95\ dBm$ 和 $-90\ dBm$ 时,中断概率随车辆密度变化的曲线。从图中可以看出,随着车辆密度的增大,中断概率增大。通过对比不同监听阈值的曲线可以发现,在车辆密度较低时,监听阈值设置越低,中断概率越低。而在车辆密度较高时,提高监听阈值可以降低中断概率。图 4-16 展示了监听阈值分别为 $-100\ dBm$、$-95\ dBm$ 和 $-90\ dBm$ 时,网络吞吐量随车辆节点密度变化的曲线。由图中可以看出,随着车辆密度的增大,网络吞吐量曲线先上升后下降,原因是在车辆密度较低时,车辆之间竞争较小,车辆密度的增大可以增加发送节点的数量使网络吞吐量提升。而在车辆密度较高的场景下,由于资源有限,因此车辆之间资源选择冲突的概率明显增加,大量的资源选择冲突导致网络吞吐量减小。同样,对比不同监听阈值的曲线,可以发现在车辆密度低的场景下,监听阈值越低,网络吞吐量越高;而在车辆密度高的场景下,监

听阈值越高,网络吞吐量越高。由此可以得出结论,在高车辆密度的场景下,适当提高监听阈值,可以提升系统的性能。

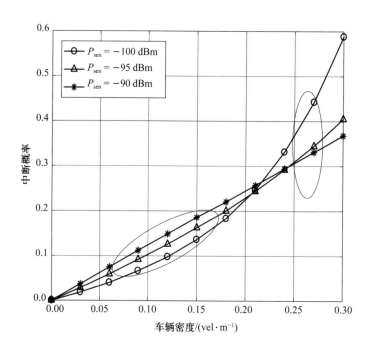

图 4-15　周期性业务场景下 C-V2X mode 4 中断概率随车辆密度变化的曲线($D=300$ m)

图 4-17 分别给出了 C-V2X mode 4 和本章所提出的 STS-RS 机制下传输中断概率与车辆密度的关系,其中监听距离 R_s 为 300 m 和 400 m。与 C-V2X mode 4 一致,STS-RS 机制下的中断概率也随着车辆密度和传感距离的增大而增大。可以看出,在相同的条件下,STS-RS 机制的传输中断概率低于 C-V2X mode 4。仿真结果表明,STS-RS 机制的性能优于传统的 C-V2X mode 4 方法,中断概率可以减少约 22%。

图 4-18 分别展示了 C-V2X mode 4 和本章所提出的 STS-RS 机制在资源分配下网络吞吐量与车辆密度的关系,其中预留资源的概率为 $q=0.1,0.2$。STR-RS 与 C-V2X mode 4 一致,当车辆密度增加时,传输能力先有所提高,然后下降。可以看出,随着车辆密度的增加,STS-RS 机制的传输能力明显得到提高。还可以看到,当 $q=0.2$ 时,曲线最高点向右移动 0.02 veh/m,网络吞吐量最大值增加 19.3%。

第 4 章 C-V2X 分布式资源分配机制

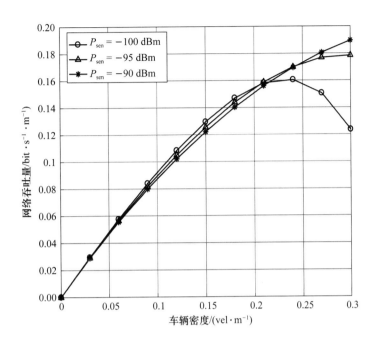

图 4-16 周期性业务场景下网络吞吐量随车辆密度变化的曲线（$D=300$ m）

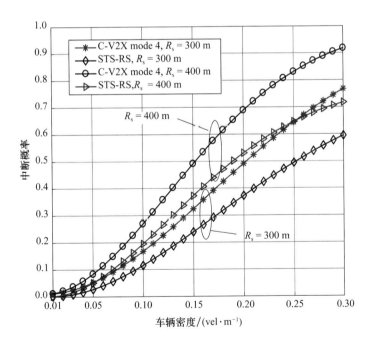

图 4-17 中断概率和车辆密度的关系

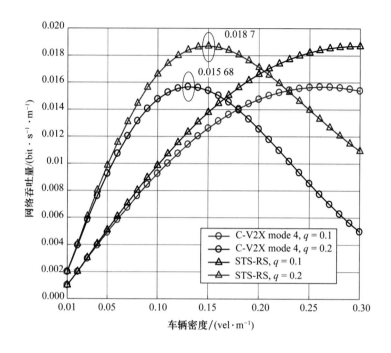

图 4-18 网络吞吐量和车辆密度的关系

本 章 小 结

本章从中断概率约束下的传输容量出发,分析了 C-V2X mode 4 通信的性能。虽然模式 4 引入的分布式调度协议支持车辆在不依赖蜂窝基础设施的情况下自主选择无线资源,但资源选择冲突仍然可能发生,特别是在高车辆密度场景下。因此,从资源选择冲突和接收机干扰两个方面详细计算了中断概率。在此基础上,本章提出了一种用于减少 C-V2X mode 4 资源争用的 STS-RS 机制,并对其性能进行了分析。实验结果表明,该机制显著提高了网络的传输能力,在此基础上进行了仿真验证,并对仿真结果进行了进一步的研究。

本章参考文献

［1］ 3GPP. TR 36.213 V14.3.0，Evolved universal terrestrial radio access（E-UTRA）；physical layer procedures（Release 14）［S］. 2017.

［2］ 3GPP. TR 36.300 V14.3.0，Evolved universal terrestrial radio access（E-UTRA）and evolved universal terrestrial radio access network（E-UTRAN）；overall description；stage 2（Release 14）［S］. 2017.

第 5 章
C-V2X 基于分簇的资源分配机制

为了提高传输可靠性,实现更好资源复用,本章拟研究基于分簇的资源分配机制。基于分簇的资源分配机制的基本思路:将时频资源划分正交的资源集,相邻的簇使用不同的资源集以避免簇间干扰,车辆通过监听和检测来判定自身成为簇头还是簇成员。簇头基于检测算法选择和占用合适的资源集,并且根据第 6 章中的资源分配算法将资源集中的资源分配给簇成员,簇成员由簇头调度资源以进行无竞争传输,此外,簇头还对簇之间由于移动性造成的资源合并冲突进行资源管理。

5.1 基于分簇的通信场景模型

考虑双向多车道的高速场景,所有车辆均可通过 GPS 获得自身的位置、速度、方向等运动信息,假设各车辆的发射功率相同。如图 5-1(a)所示,侧向链路资源被周期性地划分为正交的资源子集,车辆可以在初始接入网络时通过预先配置,获取侧向链路资源的配置信息及资源集划分的信息。

如图 5-1(b)所示,虚线范围内为一个簇,簇内有多个簇成员和唯一的簇头。每个簇对应一个资源集,不同的颜色代表不同的资源集,相邻的簇占用不同的资源集,簇头负责为其成员调度该资源集内的资源。所有车辆均可以接收所有侧向链路资源上传输的数据,因此车辆可以与其传输范围内的所有车辆通信。

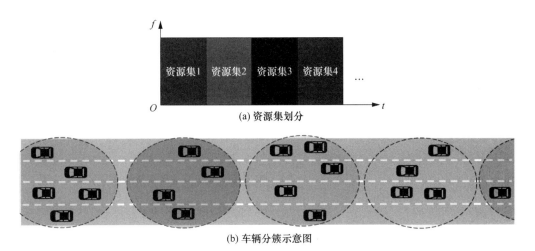

图 5-1　系统模型示意图

在系统中存在 3 种车辆状态:游离节点(Free Vehicle,FV)、簇头(Cluster Head,CH)和簇成员(Cluster Member,CM)。游离节点是车辆的初始状态,包括既不能成为簇头也不能成为簇成员的节点。簇头选择并占用干扰较小的资源集,并为其成员分配资源,实现无竞争的传输。簇成员只需选择加入合适的簇,其传输资源由簇头调度。

5.2　簇的生成和维护

本章提出的基于分簇的资源分配机制流程如图 5-2 所示。在车辆接入网络时,首先进行短期的监听以获取周围车辆及资源集状态。由于不同的簇占用不同的资源集,因此用户可以基于资源集上的能量感知结果,判定自身与周围簇的距离。用户首先基于能量检测判定是否可以加入周围的簇。若用户不满足加入周围簇的条件,则判定是否满足复用资源集的条件,若满足则占用新的资源集,成为调度节点,等待其他节点的加入,若不满足复用资源集的条件,则暂时作为游离节点。加入簇的用户由相应的簇头分配资源,而游离节点自主选择资源。除此之外,由于车辆的运动性,需周期性地判定自身状态。簇的维护过程包括成员的加入和离开,以及调度节点的切换。

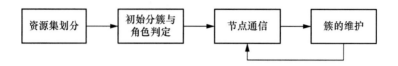

图 5-2　基于分簇的资源分配机制的流程图

5.2.1　关键指标的定义

（1）簇头衡量指标

在本章提出的基于分簇的资源分配机制中,簇头负责资源集的选择,以及在簇内调度资源。为了保证簇头监听的准确性,一个簇中越靠近中心位置的节点越适合成为簇头。由于车辆的移动性,因此最开始成为簇头的节点随着车辆相对位置的改变,可能离开簇的中心位置,这时需要进行簇头的切换。簇头衡量指标（Cluster Head Factor,CHF）可以衡量节点在当前簇内成为簇头节点的合适程度。在簇的维护过程中将基于这一指标进行簇头的切换。车辆会周期性广播其位置、速度等运动信息,当前的调度节点通过收集这些信息,获取组内各成员的信息。由于簇头的切换需要信令交互,因此需采用基于预测的簇头衡量指标,即根据当前信息预测完成簇头切换时刻的节点中心度,以保证簇头切换的合理性。

假设 t 时刻节点 i 的位置为 $(x_i(t), y_i(t))$,速度为 $\boldsymbol{v}_i(t)=(v_{x,i}(t),v_{y,i}(t))$。簇 C_φ 的簇中心位置为

$$(x_c(t), y_c(t)) = \left(\frac{1}{n_\varphi} \sum_{i \in C_\varphi} x_i(t), \frac{1}{n_\varphi} \sum_{i \in C_\varphi} y_i(t) \right) \tag{5-1}$$

当前簇头基于收集到的各成员信息,预估切换时刻 $t+\tau$ 各节点的调度能力。假设在 τ 时刻内,车辆的速度不变。$\boldsymbol{v}_i(t+\tau)=\boldsymbol{v}_i(t)=(v_{x,i}(t),v_{y,i}(t))$。在 $t+\tau$ 时刻,节点 i 的位置 $(x_i(t+\tau),y_i(t+\tau))$ 预估为

$$\begin{cases} x_i(t+\tau) = x_i(t) + v_{x,i}(t) \cdot \tau \\ y_i(t+\tau) = y_i(t) + v_{y,i}(t) \cdot \tau \end{cases} \quad (5\text{-}2)$$

由此可得预估的簇中心位置$(x_c(t+\tau), y_c(t+\tau))$为

$$\begin{cases} x_c(t+\tau) = \dfrac{1}{n_\varphi} \sum_{i \in C_\varphi} x_i(t+\tau) \\ y_c(t+\tau) = \dfrac{1}{n_\varphi} \sum_{i \in C_\varphi} y_i(t+\tau) \end{cases} \quad (5\text{-}3)$$

定义 t 时刻节点 i 的位置稳定因子为

$$\mathrm{PF}_i(t) = 1 - \frac{d_i(t)}{d_{\max}(t)} \quad (5\text{-}4)$$

其中,$d_i(t)$ 为当前时刻节点 i 距离当前分组中心的距离。

$$d_i(t) = \sqrt{[x_i(t+\tau) - x_c(t+\tau)]^2 + [y_i(t+\tau) - y_c(t+\tau)]^2} \quad (5\text{-}5)$$

$d_{\max}$ 为组内节点距离中心位置的最大距离:

$$d_{\max}(t) = \max_{i \in C_\varphi} d_i(t) \quad (5\text{-}6)$$

定义 t 时刻节点 i 的速度稳定因子为

$$\mathrm{VF}_i(t) = 1 - \frac{|v_i(t) - \overline{v}_c(t)|}{\Delta v_{\max}(t)} \quad (5\text{-}7)$$

其中,$\overline{v}_c(t)$ 为组内节点的平均速度,$\Delta v_{\max}(t)$ 为组内节点速度与平均速度的最大速度差。

定义 t 时刻调度节点的能力衡量指标为 $\mathrm{CHF}_i(t) = \alpha \cdot \mathrm{PF}_i(t) + \beta \cdot \mathrm{VF}_i(t)$,其中 $\alpha + \beta = 1$。基于对未来位置的预测,节点最终的簇头能力衡量指标为

$$\mathrm{CHF}_i = \mathrm{CHF}_i(t) + \mathrm{CHF}_i(t+\tau) \quad (5\text{-}8)$$

其中 τ 为簇头切换所需的时间,通常为两个资源集周期。

(2) 加入阈值

簇头在广播自身信息时,会附加加入该簇的加入阈值(join threshold)。只有接收到该簇头发送的信号接收功率大于该加入阈值的车辆可以申请加入该簇。簇头可以自主调节加入阈值的大小,以调节簇的大小,维持簇成员数量的相对稳定,保证簇头的服务质量和簇内成员的通信质量。若当前簇成员数为 n_{cur},簇的半径为 r_{cur},簇头最大服务用户数为 $n_{\max}$。则在当前车辆密度下,簇内成员数最大

时，簇的半径为

$$r_{\max} = \frac{n_{\max}}{n_{\text{cur}}} r_{\text{cur}} \tag{5-9}$$

因此，加入阈值 P_{join} 定义为簇头发送的信号经过 $r_{\max}$ 距离的路径损耗后的接收功率，即

$$P_{\text{join}} = \frac{P_t}{L_0 \cdot r_{\max}^{\alpha}} \tag{5-10}$$

5.2.2 初始角色的判定

当车辆初始接入网络时，首先进行初始角色判定和资源集选择。车辆的初始状态为游离节点，车辆通过图 5-3 所示的流程自主判定自身角色，即判定加入哪一个簇或成为簇头，并选择合适的资源集。

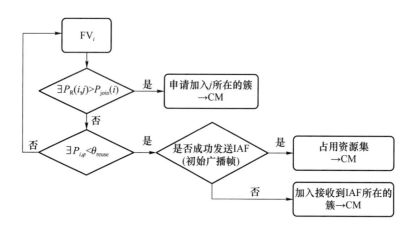

图 5-3 初始角色的判定流程

当车辆初始接入网络时，其状态为游离节点，即不属于任何一个簇。对于一个游离节点 i，由于车辆处于时刻监听的状态，则车辆可以获知各个资源集的状况和发送信息。若该游离节点初始接入网络，则首先监听各个资源集，以获取周围的簇状况和资源集情况。试游离节点通过接收簇头的信息，判定是否可以加入该簇。在本机制中，簇头周期性广播簇的状态信息，该状态信息中包括簇头的 ID 和加入阈值 P_{join}，该加入阈值可以由簇头自动调节，只有接收到簇头状态信息的功

率大于该加入阈值的车辆可以申请加入该簇。当一个游离节点收到邻近簇头 j 广播的状态信息时,首先检测接收功率 $P_R(i,j)$,如果

$$P_R(i,j) > P_{\text{join}}(j) \tag{5-11}$$

则车辆 i 可以向簇头 j 发送请求,申请加入该簇。通过调整广播的加入阈值,簇头可以控制允许申请加入簇的车辆范围,使簇成员的数量保持相对稳定,以保证组内通信的可靠性。

如果该车辆不能加入周围的任何簇(包括周围没有簇和现有簇均已满的情况),它需判定能否成为簇头并占用一个优选的资源集。车辆对每个资源集 φ 进行能量检测。如果资源集 φ 的能量检测结果小于资源集复用阈值 θ_{reuse},即

$$P_{i,\varphi} < \theta_{\text{reuse}} \tag{5-12}$$

则资源集 φ 可以作为一个候选资源集。在检查所有资源集后,车辆选择候选资源集中 $P_{i,\varphi}$ 最小的一个资源集占用,并广播状态信息来宣告成为簇头。为了避免同时多个游离节点同时宣布成为簇头,节点在初次发送簇头广播帧时进行退避处理,即随机选定下一个资源集内的某一时隙,并实时监听,若到达该选定时刻仍没有其他节点宣布成为簇头,则发送广播帧宣布自身簇头身份。如果不存在候选资源集,则该车辆既不能成为簇头也不能成为簇成员,只能成为游离节点,以监听和随机选择的方式选择资源。

5.2.3 簇的维护过程

在初始角色判定后,由于车辆具有移动性,因此不论是簇头还是簇成员都需要实时检查资源集状态。簇头和簇成员在簇的维护过程中需执行的维护算法流程如图 5-4 和图 5-5 所示。

簇头在簇的维护过程中,需要完成以下几个任务。

(1)判定是否有更适合成为簇头的节点。簇头根据 5.2.1 节中定义的 CHF 值判定是否有更处于簇中心位置的节点。由于车辆周期性的广播自身的运动信息,因此簇头可以形成一个簇成员列表,记录各成员的位置、速度等信息,并根据

接收到的信息实时更新列表。簇头根据列表中的信息计算各个节点的 CHF 值。若当前簇头不是 CHF 值最高的节点,则说明该簇头已经或即将不处于簇的中心位置,因此此时需进行簇头的切换。当前簇头在下一次的簇头广播信息中宣布新的簇头,并等待该节点的确认信息。若在一定时间内接收到该节点的确认,则原簇头变为簇成员,新的簇头在下一周期开始发送簇头广播帧,宣告簇头身份。

(2)判定当前资源集的状态。如果簇头检测到超过一定比例的未调度资源上有数据传输或在已调度的资源上有传输冲突,或者检测到另一簇头发送的信息与当前自身占用的资源集相同,则意味着发生了合并冲突,簇头需进行资源集重选。若存在新的可占用资源集,则簇头申请占用新的资源集,在新的资源集上发送簇头广播帧;若不存在新的可占用资源集,则簇头转换状态为游离节点,重新进行判断。

(3)判定自身状态。如果簇头的成员列表为空,即簇内只有孤立的簇头一个节点,则簇头判定是否可以成为其他簇的成员。判定方法与初始角色的判定方法相同。若能检测到可以加入的簇,则放弃簇头身份,申请加入并成为簇成员;若不能,则继续维持簇头的身份,等待其他节点加入。

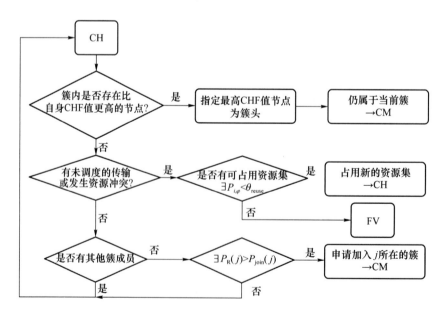

图 5-4 簇的维护算法:簇头的判定流程

如图 5-5 所示,簇成员在簇的维护过程中,需判定以下几个方面。

(1) 是否与原簇头保持连接状态或仍处于当前簇中。若簇成员连续几个周期不能收到簇头的消息,则表明已与原簇头失去联系。因此其状态转换为游离节点,按照初始角色判定算法重新判定自身角色。

(2) 是否仍处于当前簇头允许的范围内。若簇成员接收到当前的信号功率低于其发送的加入阈值,则说明该节点已经离开原簇的范围,则其状态转换为游离节点,重新进行角色判定。

(3) 是否有更适合加入的簇。簇成员同样实时地监测各个资源集的状态,若发现有另一资源集上的能量检测结果比当前所在的资源集更高,则说明其所处的位置更接近于另一个簇。此时若接收到该簇头的功率大于其加入阈值,则申请离开当前簇,并申请加入新的簇。

(4) 是否接到簇头的指派。若成员节点接收到簇头的指派消息,则表明该节点将处于簇的中心位置,更适合成为簇头。节点回复确认信息给原簇头,并在下一个周期发送簇头广播帧。

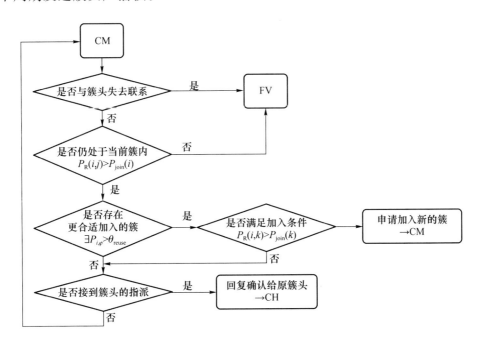

图 5-5 簇的维护算法:簇成员的判定流程

5.3 基于分簇的资源集选择方法

基于簇的生成和维护过程可知,在本章所提出的基于分簇的资源分配机制中,簇头或游离节点以簇为单位进行自主资源集选择。为此,本章提出一种基于资源集的能量检测和自适应资源集复用阈值的设计。判定可以占用某一资源集的条件为:在该资源集的能量检测结果小于某一阈值。下面将分别介绍基于资源集的能量检测方法和自适应资源集复用阈值的设计。

5.3.1 基于资源集的能量检测

在 C-V2X 的半持久资源调度中,车辆通过解码 SCI 和能量检测,判定资源选择窗内资源的占用情况和干扰程度,进而对资源选择窗中的资源进行资源排除。由于资源的周期性占用,因此每个资源的历史信息可以用来预估未来的干扰和占用情况。但考虑到非周期业务的加入,资源可能不再被周期性地占用,对单个资源的历史信息的衡量不具有可靠的参考性。因此,本章提出采用分簇的方式进行资源管理,车辆用户不再分别进行资源选择,而是由簇头进行资源集选择,并在簇内调度该资源集的资源。

由于一个簇内的节点仅使用该资源集内的资源,对一个资源集能量的衡量可以近似估计该资源集的状态,进而用来判断该节点是否可以加入该簇或复用该资源集。各节点在每个资源集上的能量检测结果代表了该资源集的平均干扰程度。因此,定义 $P_{i,\varphi}$ 为节点 i 在资源集 S_φ 上的能量检测结果,具体表示为

$$P_{i,\varphi} = \frac{1}{N_{S'}} \sum_{R_{m,n} \in S'_\varphi} \mathrm{RSSI}_i(m,n) \tag{5-13}$$

其中,$\mathrm{RSSI}_i(m,n)$ 为节点 i 在资源块 $R_{m,n}$ 上检测的 RSSI 值,S'_φ 为资源集中可以解码的资源集合,$N_{S'}$ 为该集合中的资源数。节点在资源集上的能量检测结果为该资源集上可解码的资源的平均 RSSI 值。

5.3.2 自适应资源集复用阈值的设计

在基于分簇的资源选择机制中,当簇头进行资源集选择时,需对每个资源集的干扰程度进行衡量,即基于资源集的能量检测。若某一资源集的能量检测结果较低,且低于复用阈值,则说明占用该资源集的簇距离当前车辆较远,因此可以占用该资源集。如果资源集的能量检测结果高于复用阈值,则说明该资源集的干扰较大,不能复用。

从物理意义上来说,该复用阈值代表了当前信道环境下的较低干扰水平。由于车辆密度和信道环境是实时变化的,复用阈值不应设置为固定的功率值。对于一个固定的复用阈值,若当前环境车辆密度升高,则复用范围内的车辆节点数增多。由于复用范围内不会出现复用的资源集(只有超出复用范围才可复用资源集),对于车辆同一侧的复用范围内,最多出现等同于划分资源集数量的簇。而每个簇头的服务能力有限,因此簇成员的数量是有限的。在车辆密度增加时,游离节点的数量会增加。此时应适当增大复用阈值,以减小环境中游离节点的数量。而若当环境中车辆密度降低时,游离节点数量变少,应适当降低复用阈值的大小,以减小复用同一资源集的簇内成员的干扰。

因此复用阈值的设定应随当前信道环境变化。考虑到可能的非基站覆盖场景,车辆需自主确定资源集复用的条件。因此复用阈值的设定需满足以下两个条件:首先,复用阈值需由车辆自主获知,每一辆车均可通过资源监听或能量感知获得该阈值;其次,该复用阈值需随当前信道环境变化,与车辆密度成正相关,并且可以代表当前信道环境下的较低干扰水平。因此,如图 5-6 所示,定义簇头 i 自主计算的复用阈值为

$$\theta_{\text{reuse}} = \frac{1}{M} \sum_{R_{m,n} \in R_{i,x}} \text{RSSI}(m,n) \tag{5-14}$$

其中,$R_{i,x}$ 为节点 i 监听到的所有资源集前一周期内,具有最低 RSSI 值的 $x\%$ 资源的集合,即复用阈值为该集合中所有资源的平均 RSSI 值。

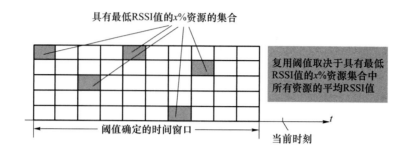

图 5-6　资源集复用阈值的确认示意图

5.4　分簇通信的帧结构设计

在本章提出的机制中,侧向链路资源被周期性地划分为正交的资源集。每个资源集包含相同数目的时隙,如图 5-7 所示,这些时隙又可以分为簇头广播时隙、注册请求时隙和传输时隙。

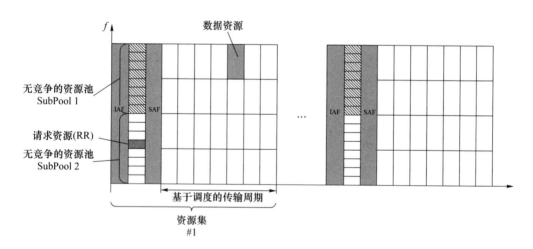

图 5-7　资源集中的时隙划分

簇头广播时隙用于簇头发送簇头广播帧。每个簇头在一个资源集周期内会发送两次广播帧。第一次发送的广播帧称为初始广播帧（Initialization Advertisement Frame,IAF）,发送于每个资源集的第一个时隙,该广播帧中包含簇的系统信息和请求资源信息,具体内容如图 5-8 所示。其中簇的系统信息包括簇头 ID、加入阈值和占用的资源集编号。请求资源（Request-Resource，RR）为用于发送注册信息和传输请求的资源，每个 RR 占 2 个 RB。如图 5-8 所示，请求资源信息具体包括无竞争的资源池 SubPool 1 设置（每个已注册车辆对应资源所在的时隙以及频域上开始、结束的位置）和基于竞争的资源池 SubPool 2 设置（资源池的时隙数、频域上 RB 开始及结束位置）。

对于加入该簇的簇成员，为其指定无竞争的资源池 SubPool 1，用于发送传输请求，同时指定资源池 SubPool2，用于游离节点基于竞争的注册和发送传输请求。在接收到簇头发送的 IAF 后，周围节点可以获知自己用于注册和请求的资源，簇成员如果有信息要发送，则在 SubPool 1 指定的资源上发送请求；游离节点则在簇头指定的竞争资源池 SubPool2 中，随机选择资源发送请求。图 5-9 为发送请求的具体内容，包括车辆的 MAC 地址、车辆状态（1 表示已加入/申请加入；0 表示离开）、传输请求。传输请求格式为数据包大小、传输次数和传输间隔、接收车辆的 MAC 地址。

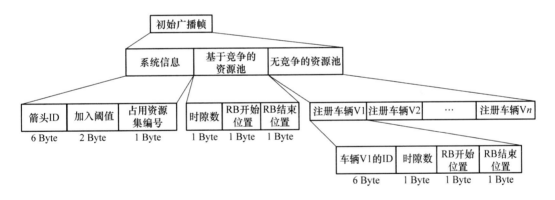

图 5-8　IAF 的帧结构

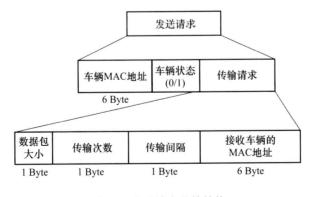

图 5-9　发送请求的帧结构

在接收到成员及游离节点发送的请求后，簇头开始为其分配资源。簇头发送第二个广播帧（Secondary Advertisement Frame，SAF）。如图 5-10 所示，SAF 中包括各节点的调度信息，对于每个被调度的车辆，其调度信息包括车辆 ID、时隙、资源。

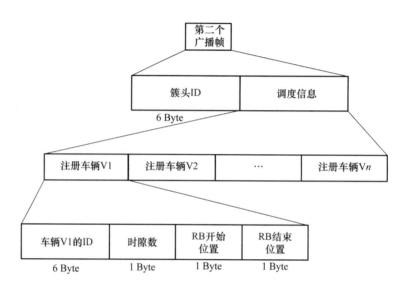

图 5-10　SAF 的帧结构

整体的通信流程为：首先，簇头发送初始广播帧，并指定用于发送请求的资源；其次，簇成员若有传输请求，则在为其分配的无竞争发送请求资源上发送传输请求，而未加入的节点若满足加入簇的条件（即接收到簇头的功率大于簇头的加入阈值），则在基于竞争的资源上发送加入和发送数据的请求；再次，簇头发送第二个广播帧，进行资源调度；最后，成员基于簇头的调度信息进行无竞争的传输。

5.5　不同簇之间合并冲突资源管理方案

在车辆行驶过程中，车辆速度和行驶路线的变化会导致车辆频繁的汇聚和分离。车辆的移动性导致原本占用相同资源集的簇靠近或相遇，造成合并冲突的问题。结合车辆的运动和位置信息，通过信令交互和能量检测来检测和处理合并冲突。

对于图 5-11(a)所示的合并冲突,考虑车辆的运动和位置信息,在方案(1)的基础上,对资源集进行进一步的划分。将资源集分为两部分,不同行驶方向的车辆对应不同的部分。车辆仅在其行驶方向对应的部分资源集内进行能量检测和感知,仅与相同行驶方向的车辆成簇。通过此划分,可以避免由相向行驶造成的合并冲突问题。

而对于同方向行驶的车辆,速度的变化仍会导致合并冲突问题,如图 5-11(b)所示。对于该场景,本章拟通过信令交互和能量检测的方法来检测和处理合并冲突。簇头周期性地广播其簇的状态信息,如图 5-12 所示,该状态信息包括簇头 ID、资源集编号和加入阈值。簇头通过检测其他簇头发送的状态信息和占用资源集上的数据传输情况来检测合并冲突。

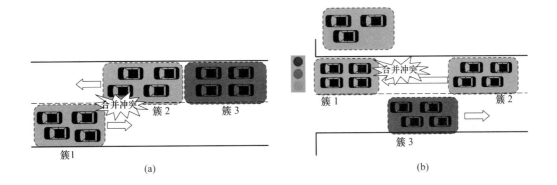

图 5-11 合并冲突问题

簇头ID	资源集编号	加入阈值

图 5-12 状态信息格式

簇头在每 N 次状态信息的广播中,随机选择一次沉默不发,改为监听,若在该时隙簇头接收到占用相同资源集的其他簇头的状态信息,则判定发生了合并冲突。在检测到合并冲突后,需有一个簇头进行资源重选。检测到的簇头对比自身和冲突簇头的加入阈值,加入阈值更小的一方基于本章中的资源选择方案进行资源重选。图 5-13 为状态信息的发送示意图。

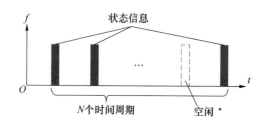

图 5-13 状态信息的发送

5.6 基于分簇的资源分配机制的 PDR 性能分析

与 C-V2X mode 4 类似,基于分簇的资源分配机制的 PDR 同样可以表示为

$$\mathrm{PDR} = E\left[\prod_{v_i \in \prod_v}(1-p_{\mathrm{out}}(v_i))\right] = \mathrm{e}^{-\int_{-\infty}^{\infty}\lambda_0 p_{\mathrm{out}}(r)\mathrm{d}r} \quad (5\text{-}15)$$

$$= \mathrm{e}^{-\int_{-\infty}^{\infty}\lambda_0 p_{\mathrm{col}}(r)\cdot\Pr\{\mathrm{SIR}(r)\leqslant\beta\}\mathrm{d}r}$$

在基于分簇的资源分配机制中,侧向链路资源被周期性地划分为正交的资源集。簇头选择合适的资源集,尽可能地保证相邻的簇使用正交的资源集,以减少簇间干扰。簇头为其成员调度其占用资源集内的资源,游离节点基于随机选择的方式选择资源。簇头的调度可以有效地避免簇内的资源碰撞。因此在基于分簇的资源选择机制中,造成传输中断的原因可以分为两个方面:①游离节点随机资源选择造成的资源选择冲突,如图 5-14(a)所示;②复用相同资源集的另一簇的成员节点造成的干扰,如图 5-14(b)所示。距离发送节点 $v_t r$ 的节点与发送节点发生资源选择冲突的概率可以表示为

$$p_{\mathrm{col}}(r) = p_{\mathrm{free}}(r)\cdot p_{\mathrm{sl\text{-}col}} + p_{\mathrm{in,re}}(r)\cdot p_{\mathrm{rs\text{-}col}} \quad (5\text{-}16)$$

其中 $p_{\mathrm{free}}(r)$ 为干扰节点为游离节点的概率,$p_{\mathrm{sl\text{-}col}}$ 为游离节点在资源选择窗内随机选择资源的冲突概率,$p_{\mathrm{in,re}}(r)$ 为节点属于复用同一资源集的另一个簇内成员的概率,$p_{\mathrm{rs\text{-}col}}$ 为复用资源集内簇成员与发送节点发生资源冲突的概率。

现将侧向链路资源周期性地划分为 N_{RS} 个资源集,每个资源集内除控制子帧以外的子帧数为 N_{sfr},则可用于数据传输的资源数为 $N_{\mathrm{r\text{-}rs}} = N_{\mathrm{sfr}} N_{\mathrm{sub\text{-}chan}}$。$N_{\mathrm{RS}}$ 个资

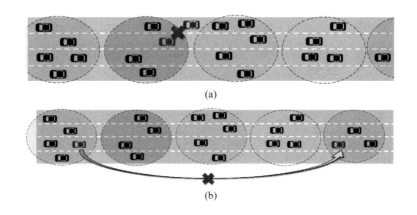

图 5-14 基于分簇的资源分配机制中的干扰节点示意图

源集内的资源数为 $N = N_{\text{r-rs}} \cdot N_{\text{RS}}$。假设所有的簇头均在簇的中心位置。

5.6.1 周期业务的 PDR 分析

在基于分簇的资源分配机制中,节点可以加入某一个簇的条件为:检测到该簇头发送的数据接收功率大于簇头发送的加入阈值 P_{join}。对于距离簇头距离为 d 的某一节点,能够加入该簇的概率可以表示为

$$p_{\text{in}}(d) = \Pr\{P_R(d) \geqslant P_{\text{join}}\} \tag{5-17}$$

其中 $P_R(d)$ 为该节点接收到簇头消息的接收功率,根据 4.1.2 节中的信道模型,$P_R(d) = P_t H d^{-\alpha}$。节点能够加入该簇的概率为

$$p_{\text{in}}(d) = \Pr\left\{\frac{P_t H d^{-\alpha}}{L_0} \geqslant P_{\text{join}}\right\} = e^{-P_{\text{join}} d^{\alpha} L_0 / P_t} \tag{5-18}$$

在给定 P_{join} 的条件下,平均簇的大小即每个簇的簇内成员数可以表示为

$$c = E\Big[\sum_{x_i \in \Pi_c} p_{\text{in}}(x_i)\Big] = \int_0^\infty 2\lambda_0 p_{\text{in}}(d) \mathrm{d}d \tag{5-19}$$

其中,Π_c 为以簇头为参考节点,其周围空间中车辆形成的随机点过程。由于每个簇内仅有一个簇头,因此在空间中簇头形成的随机点过程 Π_{CH} 的密度为 $\dfrac{\lambda_0}{c}$。侧向链路资源被划分为 N_{RS} 个资源集,因此,与发送节点相同资源集的簇头的点过程

$\Pi_{CH'}$ 的密度为 $\frac{\lambda_0}{cN_{RS}}$。

首先分析游离节点对资源选择冲突概率的影响。当节点不属于任何一个簇时，节点为游离节点。对于与发送节点 v_t 的距离为 r 的节点，其成为游离节点的概率为

$$p_{\text{free}}(r) = \max\left(1 - \frac{2cN_{RS}}{n_{re}}, 0\right) \tag{5-20}$$

其中，n_{re} 为复用范围内的平均节点数，当资源集复用阈值为 θ_{reuse} 时，

$$n_{re} = \int_0^\infty 2\lambda_0 \Pr\left\{\frac{P_t H d^{-\alpha}}{L_0} \geq \theta_{\text{reuse}}\right\} \mathrm{d}d \tag{5-21}$$

其中

$$\Pr\left\{\frac{P_t H d^{-\alpha}}{L_0} \geq \theta_{\text{reuse}}\right\} = e^{-\theta_{\text{reuse}} d^\alpha L_0 / P_t} \tag{5-22}$$

由于游离节点没有簇头为其调度资源，在需要发送数据时，需在资源选择窗内随机选择一个资源发送，因此游离节点与参考发送节点选中同一资源的概率为

$$p_{\text{sl-col}} = \frac{1}{N} \tag{5-23}$$

接下来分析复用相同资源集的簇成员对资源冲突概率的影响。首先给出车辆自主确定的资源集复用阈值的理论表达式。资源集复用阈值 θ_{reuse} 为集合 R_{Lx} 中资源 RSSI 值的平均值，R_{Lx} 为复用阈值确认窗内 RSSI 最低的 $x\%$ 资源的集合。在分析中，若不考虑资源选择冲突，我们可以近似地认为 R_{Lx} 为监听到的车辆中较远的 $x\%$ 车辆占用资源的集合。因此，自主确认的复用阈值可以表示为

$$\theta_{\text{reuse}} = E\left[\frac{1}{M}\sum_{s \in V_i} P_r(s)\right] \tag{5-24}$$

其中 V_i 为监听到的车辆中较远的 $x\%$ 车辆形成的随机点过程，M 为 V_i 中的节点数量，若复用阈值确认窗内的资源数为 N，则 $M = N \cdot x\%$。$P_r(s)$ 为来自 s 节点的接收功率。基于随机点过程的性质，式(5-24)可以进一步表示为

$$\theta_{\text{reuse}} = \frac{1}{M}\int_a^b P_r(r)\lambda_0 \mathrm{d}r \tag{5-25}$$

其中 $P_r(r)$ 为与发送节点的距离为 r 的节点的接收功率的均值，忽略小尺度衰落

的影响，

$$P_{\mathrm{r}}(r)=\frac{P_{\mathrm{t}}}{L_0 d^a} \tag{5-26}$$

a 和 b 分别为集合 V_i 的距离边界的均值：

$$\begin{cases} a=N \cdot \dfrac{1-x\%}{\lambda_0} \\ b=\dfrac{N}{\lambda_0} \end{cases} \tag{5-27}$$

将式(5-26)、式(5-27)代入式(5-25)中，可以得到复用阈值的表达式：

$$\begin{aligned}\theta_{\mathrm{reuse}} &= \frac{1}{M}\int_a^b P_{\mathrm{r}}(r)\lambda_0 \mathrm{d}r \\ &= \frac{1}{N \cdot x\%}\int_a^b \frac{P_{\mathrm{t}}}{L_0 d^a}\lambda_0 \mathrm{d}r \\ &= \frac{P_{\mathrm{t}}}{(1-\alpha)L_0}\left(\frac{\lambda_0}{N}\right)^{\alpha} x\left[1-(1-x)^{-\alpha+1}\right]\end{aligned} \tag{5-28}$$

从式(5-28)可以看出，资源集复用阈值随密度的增加而增大，即复用距离随密度的增加而减小。

若以发送节点 v_t（簇头）的位置为坐标原点，某一簇头 v_c 到 v_t 的距离为 D，则簇头 v_c 能够复用该资源集的条件为在该资源集的能量检测结果小于资源集复用阈值 θ_{reuse}。为了方便分析，我们用 v_c 接收 v_t 消息的接收功率近似地替代该资源集上的能量检测结果。因此与 v_t 距离为 D 的簇头复用 v_t 相同资源集的概率可以表示为

$$\Pr\{P_{\mathrm{R}}(D)\leqslant\theta_{\mathrm{reuse}}\}=\Pr\left\{\frac{P_{\mathrm{t}}H}{L_0 D^a}\leqslant\theta_{\mathrm{reuse}}\right\}=1-\mathrm{e}^{-\theta_{\mathrm{reuse}}L_0 D^a/P_{\mathrm{t}}} \tag{5-29}$$

对于与 v_t 距离为 r 的某一节点 v_i，其属于复用 v_t 资源集的另一个簇的概率可以表示为

$$p_{\mathrm{in,re}}(r) = 1-E\Big[\prod_{x\in \varPi_{\mathrm{CH}'}}(1-p_{\mathrm{in}}(x))\Big] \tag{5-30}$$

其中，$\varPi_{\mathrm{CH}'}$ 为由复用同一资源集的簇头形成的点过程，密度为 $\dfrac{\lambda_0}{cN_{\mathrm{RS}}}$。式(5-30)可以进一步表示为

$$p_{\text{in,re}}(r) = 1 - E\Big[\prod_{x \in \Pi_{\text{CH}}} (1 - p_{\text{in}}(x))\Big] \quad (5\text{-}31)$$

$$= 1 - e^{-\int_{-\infty}^{\infty} \frac{\lambda_0}{cN_{\text{RS}}} \Pr\{P_R(D) \leqslant \theta_{\text{reuse}}\} \cdot p_{\text{in}}(|D-r|) \text{d}D}$$

在式(5-31)中,干扰节点到发送节点 v_t 的距离为 r,簇头到发送节点 v_t 的距离为 D,节点与簇头间的距离为 $|D-r|$。因此该干扰节点属于此簇头的概率为 $p_{\text{in}}(|D-r|)$。结合式(5-29)~(5-31)可以得出,与发送节点 v_t 距离为 r 的节点为复用同一资源集的簇成员的概率为 $p_{\text{in,re}}(r)$。当节点成为簇成员后,簇头为其分配所占用资源集内的资源。考虑最简单的调度方法,簇头基于上报的发送请求,随机为其分配资源集内一个资源,则该节点与发送节点分配到同一资源的概率为

$$p_{\text{rs-col}} = \frac{1}{N_{\text{r-rs}}} \quad (5\text{-}32)$$

结合以上分析,我们可以获得节点的资源选择冲突概率 $p_{\text{col}}(r)$。在基于分簇的资源分配机制分析中,节点的干扰概率与 C-V2X mode4 中的相同,代入式(5-15)即可以得到周期性业务场景下基于分簇的资源分配机制的 PDR。

5.6.2 非周期业务的 PDR 分析

周期业务和非周期业务在资源分配机制上并没有本质上的不同。只是在对非周期业务进行资源分配时,会根据请求发送的数据包大小,分配不同数量的子信道。非周期业务分配的子信道个数更多且数量不定,因此非周期业务的分析相较于周期业务的分析,仅在资源冲突概率上有所不同。

在非周期业务场景下,游离节点随机选择资源,与发送节点发生资源冲突的概率可以表示为

$$p_{\text{sl-col}} = p_{\text{sub-chan}} p_{\text{sub-fram}} \quad (5\text{-}33)$$

其中 $p_{\text{sub-fram}} = \dfrac{1}{N_{\text{sfr}} N_{\text{RS}}}$ 为选中同一时隙的概率,$p_{\text{sub-chan}}$ 为在同一时隙中有子信道重合的概率。$p_{\text{sub-chan}}$ 的计算与 C-V2X mode 4 在非周期业务下的分析中相同,如式(4-25)所示。

对于复用同一资源集的另一个簇的成员,与发送节点分配到同一资源的概率为

$$p_{\text{rs-col}} = p_{\text{sub-chan}} \cdot q_{\text{sub-fram}} \tag{5-34}$$

其中 $q_{\text{sub-fram}}$ 为选中同一时隙的概率。由于进行了资源集划分,因此可选资源的时隙数减少,

$$q_{\text{sub-fram}} = \frac{1}{N_{\text{r-rs}}} \tag{5-35}$$

$p_{\text{free}}(r)$ 和 $p_{\text{in,re}}(r)$ 的推导与周期业务场景中的相同,将 $p_{\text{free}}(r)$、$p_{\text{in,re}}(r)$ 与式(5-33)、式(5-34)一起代入式(5-16)中即可得到非周期业务场景下分簇机制的单节点造成中断的概率。进而基于式(5-15)即可得到非周期业务场景下基于分簇的资源分配机制的 PDR。

5.7 仿真与性能分析

为了验证所提出机制的性能,采用 C++ 编程结合 Matlab 进行了系统级仿真。系统仿真的假设和参数设定参考 3GPP TR 37.885 中的规定,采用包传输率(Packet Delivery Ratio,PDR)作为性能衡量指标。在仿真中,PDR 定义为

$$\text{PDR} = \frac{N_{\text{success}}}{N_{\text{receiver}}} \tag{5-36}$$

其中 N_{receiver} 为在距离发送节点范围 $[a,b]$ 内的节点数量,$a = i \times 20$,$b = (i+1) \times 20$,$i \in \{0,1,\cdots,25\}$。N_{success} 表示在 N_{receiver} 中成功接收数据包的节点数量。平均 PDR 表示为

$$\text{avg PDR} = \frac{N_{\text{success},1} + N_{\text{success},2} + \cdots + N_{\text{success},n}}{N_{\text{receiver},1} + N_{\text{receiver},2} + \cdots + N_{\text{receiver},n}} \tag{5-37}$$

部分关键仿真参数如表 5-1 所示。分别考虑两种数据类型:周期性业务和非周期性业务。其中周期性业务的数据包大小和到达间隔为固定的或周期性的。而非周期性业务的数据包大小和到达间隔为随机的。为了方便分析,我们设定周期性业务所有的数据包大小为 190 B,每个数据包占用一个子信道,数据包到达间隔为 100 ms。非周期性业务的数据包大小以 200 B 的间隔均匀分布,数据包到达间隔为 $T = 50 + x$(单位为 ms),其中 x 服从均值为 50 的指数分布。

表 5-1　仿真参数

参数	周期性业务场景	非周期性业务场景
带宽/MHz	10	20
子信道个数	3	10
加入阈值/dBm	−79	−71

图 5-15、图 5-16 分别对比了周期和非周期业务下两种机制的 PDR。从图中可以看出，无论是周期性业务还是非周期性业务，本章提出的基于分簇的资源分配机制都较 C-V2X mode 4 有更好的表现。如图 5-15 和图 5-16 所示，PDR 随着距离的增加而下降，即传输距离越大，传输的可靠性越低。这是由于随着传输距离的增大，接收功率降低，而同时可能造成中断的节点数增多，导致接收端的 SINR 值降低，丢包率上升。而本章提出的基于分簇的资源分配机制由于资源集的划分和簇头的调度既减少了近处的资源冲突，又通过资源集复用条件的限制有效地减少了复用相同资源节点造成的干扰，因此较 C-V2X mode 4 有更好的表现。此外，在相同条件下，非周期业务的可靠性更低。这是因为首先非周期业务占用的子信道更多，负载变大，其次，非周期业务即使部分子信道重合也会导致数据包不能成功解码，所以非周期业务的资源选择冲突更大。相比于 C-V2X mode 4，本章所提机制的包传输率在周期性业务场景下提高了 10%，在非周期业务场景下提高了 20%。

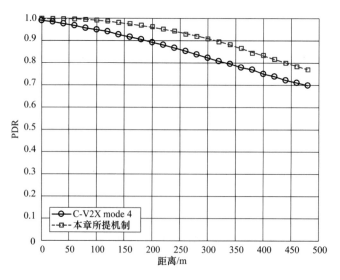

图 5-15　周期性业务下两种机制的 PDR 随传输距离变化的曲线（高速场景）

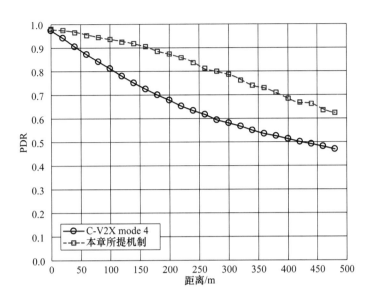

图 5-16　非周期性业务下两种机制的 PDR 随传输距离变化的曲线(高速场景)

为了进一步验证本章所提出机制的性能,图 5-17 和图 5-18 将本章所提出机制与本章参考文献[1]中的 DMMAC 分簇机制进行了性能对比。图 5-17 展示了传输距离为 200 m 时两种机制的 PDR 随车辆密度变化的曲线。由图中可以看出两种机制的 PDR 随车辆密度的增加而降低。DMMAC 机制的 PDR 在车辆密度为 0.25 veh/m 处有向上的拐点,是由于该机制的设置中,在这一点触发了发送功率的调整,导致了 PDR 的突变。图 5-18 展示了两种机制的分簇开销占总传输信息的比例随车辆密度变化的曲线。分簇开销所占的比例随车辆密度的增加而略有降低,而本章所提出机制的开销较 DMMAC 的更低。由此可以看出,本章提出的基于分簇的资源分配机制与 DMMAC 机制的性能接近,但开销更小。

图 5-19 和图 5-20 分别展示了周期性和非周期性业务场景中,车辆密度为 0.1 veh/m 和 0.15 veh/m 时,C-V2X mode 4 与基于分簇的资源分配机制的 PDR 随传输距离变化的曲线。从图 5-19 和图 5-20 可以看出,无论对周期性业务还是非周期性业务,随着传输距离的增加,各曲线均呈下降的趋势。基于分簇的资源分配机制由于可以有效地减少资源选择冲突,因此具有更高的 PDR。同时还可以看出,相比于基于分簇的资源分配机制,C-V2X mode 4 对车辆密度的变化更加

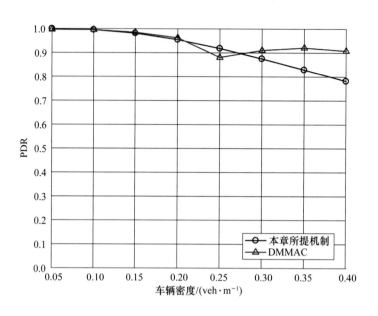

图 5-17 两种机制的 PDR 性能比较

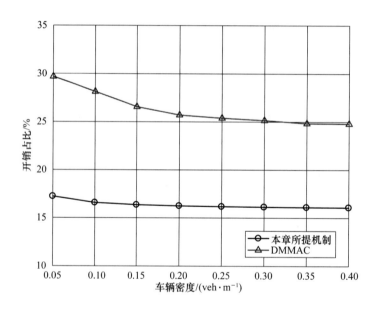

图 5-18 两种机制的分簇开销所占总传输信息的比例比较

敏感。例如,在传输距离为 400 m 的条件下,周期性业务场景下车辆密度从 0.1 veh/m 提高到 0.15 veh/m 时,C-V2X mode 4 的 PDR 下降约 15%。而基于分簇的资源分配机制的 PDR 仅下降 5% 左右。同时这说明本章提出的基于分簇的资源分配机制在密集场景下有更大的优势。

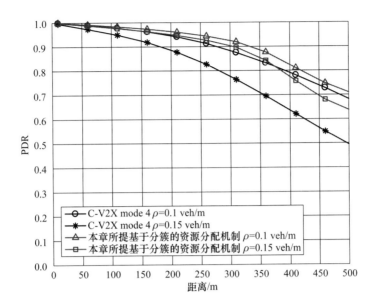

图 5-19 周期性业务场景下车辆密度对两种机制 PDR 的影响

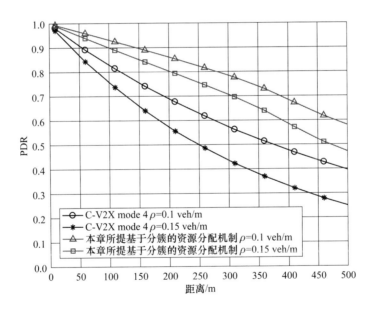

图 5-20 非周期性业务场景下车辆密度对两种机制 PDR 的影响

在基于分簇的资源分配机制中,周期性业务和非周期性业务的资源选择方式相同,但实际场景中,周期性业务与非周期性业务的数据包大小、车辆密度和带宽均不相同,因此横向对比周期性业务和非周期性业务并无太大意义。基于分簇的资源分配机制中,各变量对周期性业务和非周期性业务的系统性能的影响是相似的。

以周期性业务场景为例,图 5-21 对比了基于分簇的资源分配机制中,加入阈值 P_{join} 对可靠性的影响。如图 5-21 所示,加入阈值 P_{join} 越低,PDR 越高。簇头通过调整加入阈值的大小,可以控制簇的大小。在簇头可服务的范围内,加入阈值降低则表示更远距离的车辆可以申请加入该簇,进而影响空间中游离节点的数量,导致游离节点数减少。由游离节点造成的资源冲突概率降低,因此 PDR 增加。

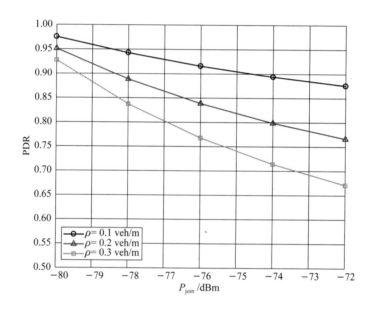

图 5-21　周期性业务场景下加入阈值对基于分簇的资源分配机制 PDR 的影响

图 5-22 展示了复用阈值对基于分簇的资源分配机制 PDR 的影响。在本章提出的基于分簇的资源分配机制中,簇头为其成员调度占用资源集内的资源,不能加入簇的游离节点基于随机选择占用资源。因此造成传输中断的主要因素可以分为游离节点造成的影响和复用资源集的簇成员造成的影响。如图 5-22 所示,随着复用阈值的增加,中断概率先减小后增大。中断概率减小原因为:随着复用阈值的增加,复用距离减小,则两个复用相同资源集的簇之间的距离减小。在加入阈值不变的条件下,游离节点的数量减少,因此游离节点造成的中断概率减小,如图 5-22 中-△-曲线呈下降的趋势。中断概率继而增大的原因为:当游离节

点的数量减至 0 后,继续增加复用阈值导致复用资源集的簇与原来的簇距离减小,复用资源集的簇内节点造成的干扰变大,导致中断概率增大,如图 5-22 中曲线呈上升趋势。由此可以看出,在本章提出的基于分簇的资源分配机制中,复用阈值的设定会影响系统的可靠性,需合理设置。

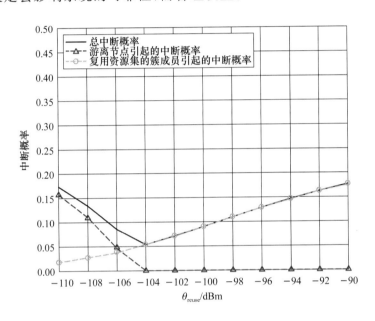

图 5-22 资源集复用阈值对基于分簇的资源分配机制中断概率的影响

图 5-23 展示了复用阈值分别为 -110 dBm、-105 dBm、-100 dBm 时,中断概率随车辆密度变化的曲线。从图中可以看出,在车辆密度较低时,复用阈值越低,中断概率越低;而在车辆密度较高时,复用阈值越高,中断概率越低。其原因为,在车辆密度较低时,系统内游离节点较少,复用同一资源集的簇成员对中断概率造成的影响占主要部分。而复用阈值较高会导致复用距离降低,复用同一资源集的簇对传输节点的干扰增大。随着车辆密度升高,游离节点数量增多,由游离节点造成的中断概率增加,复用同一资源集的簇造成的影响降低。因此在车辆密度较高时,适当提升复用阈值,可以降低游离节点的数量,降低中断概率。在图 5-24 中,展示了在不同复用阈值的情况下,网络吞吐量随车辆密度变化的曲线。在车辆密度较低时,较低的复用阈值下有更高的网络吞吐量,而在节点密度较高时,较高的复用阈值下的网络吞吐量更高。由此可以看出,在不同车辆密度

下,复用阈值对系统性能的影响不同,因此应根据实际信道场景,适当调节复用阈值,以达到更高的系统性能。

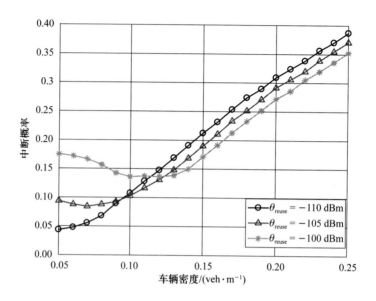

图 5-23 周期性业务场景下基于分簇的资源分配机制中断概率随车辆密度的变化曲线

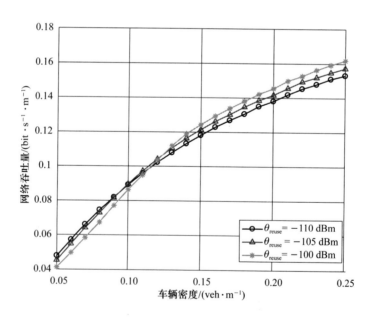

图 5-24 周期性业务场景下基于分簇的资源分配机制网络吞吐量随车辆密度的变化曲线

图 5-25 展示了自适应复用阈值和固定阈值下网络吞吐量随车辆密度变化的曲线。如图 5-25 所示,无论是在车辆密度较低还是在车辆密度较高的场景下,自适应复用阈值方法都具有较高的网络吞吐量。由于自适应复用阈值随信道环境的变化而变化,在低车辆密度场景下,车辆距离较远,而监听到的车辆功率较低,获得的复用阈值较低;而在高车辆密度场景下,复用阈值提高。在低车辆密度场景下,竞争车辆较少,降低资源集复用阈值,可以增大复用距离,减小复用资源集的簇成员间的干扰;而在高车辆密度场景下,竞争车辆较多,游离节点造成的资源选择冲突概率提高,提高复用阈值可以降低近处游离节点的数量,虽然使复用资源集的簇成员间的干扰略增加,但对整体的可靠性和容量仍有提升。自适应复用阈值方法在车辆密度为 0.15 veh/m 左右的网络吞吐量稍低于 $\theta_{\text{reuse}}=-95$ dBm 时的网络吞吐量,这是由于该自适应复用阈值方法虽可以在一定程度上保证复用阈值与密度的负相关变化,但并不能完全拟合最优阈值。但该方法简单易行,在实际应用中仍有较大的参考意义。由此可以看出,自适应复用阈值方法可以降低资源分配机制对车辆密度的敏感性,使性能稳定在相对较好的水平。

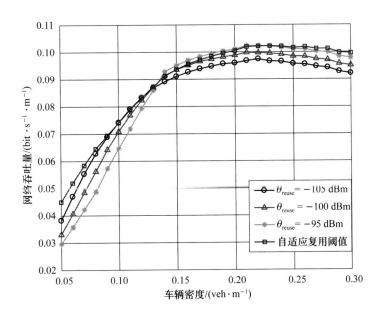

图 5-25 周期性业务场景下自适应复用阈值与固定复用阈值下网络吞吐量随车辆密度变化的曲线

本 章 小 结

为了提高 C-V2X mode 4 在周期性业务下和非周期性业务下的传输可靠性，本章提出一种基于分簇的资源分配机制，并分别介绍了簇的生成和维护过程、基于分簇的资源集选择方法和针对该机制的帧结构设计。在该机制中，侧向链路资源被划分为正交的资源集，节点通过能量检测进行分簇。基于所提出的基于资源集的能量检测结果，簇头可以自主选择合适的资源集，并为其成员调度资源。资源集复用的限定条件和簇头的调度可以有效地减少资源选择冲突和传输干扰。仿真结果表明，本章所提出的机制在周期性业务场景下和非周期性业务场景下，都较 C-V2X mode 4 有更好的表现，且与 DMMAC 分簇机制相比，有更小的开销。

此外，本章对提出的理论分析模型进行了数值仿真和分析。在对所提出的基于分簇的资源分配机制的分析中，首先对比了所提出的机制与 C-V2X mode 4 在不同车辆密度场景下的 PDR 曲线，结果表明基于分簇的资源分配机制较 C-V2X mode 4 有更好的系统性能表现，基于分簇的资源分配机制在高车辆密度的场景下对性能的提升更加明显。针对基于分簇的资源分配机制本身，分别分析了其分簇的加入阈值和资源集复用阈值对其性能的影响，分析结果表明，通过合理设置其阈值，可以进一步提升其系统性能。接下来分析了车辆密度变化对系统性能的影响，对比发现，资源集复用阈值在低车辆密度场景和高车辆密度场景下，对系统性的影响是不同的，因此应随实际场景中的车辆密度实时调整复用阈值。通过对比固定阈值和自适应复用阈值下的网络吞吐量，验证了自适应复用阈值方法的有效性和必要性。自适应的复用阈值方法可以使得复用阈值随信道环境和车辆密度改变，在不同的车辆密度场景下均保持较好的性能。

本章参考文献

[1] HAFEEZ K A, ZHAO L, Mark J W, et al. Distributed multichannel and mobility-aware cluster-based MAC protocol for vehicular ad hoc networks [J]. IEEE Transactions on Vehicular Technology，2013，62(8)：3886-3902.

第 6 章
车载毫米波通信技术

毫米波 30～300 GHz 的频带可以提升高达数量级的系统性能,对于车联网具有很大的应用潜力。同时,由于毫米波的波长很小,因此可以在一个天线阵列上封装多个天线,通过形成窄的定向波束以弥补严重的毫米波传播损耗。此外,定向传输和窄波束使得多普勒扩展在毫米波频率可以得到高效管理,甚至在高移动性环境下也可以有效解决。因此,引入毫米波频带提升车辆通信性能的优势显著可见。但毫米波易受遮挡,高速移动环境下链路的鲁棒性对毫米波车联网的研究形成新的技术壁垒。

6.1 毫米波的传播特性

与微波频段相比,毫米波波段具有一些独特的传播特性,如易受堵塞、存在额外的大气吸收和稀疏散射等。我们将从自由传播损耗、穿透能力及多普勒效应 3 方面详细介绍毫米波的传播特性。

（1）自由传播损耗:在自由空间中,信号损耗主要是由氧气吸收导致的,60 GHz 毫米波的信号衰减大约为 16 dB/km[1]。虽然实现长距离(公里级水平)的链路很困难,但因为波束成形技术增强了空间重用,所以毫米波的短距离通信影响很小。例如,由氧气吸收和降雨量为 50 mm 的暴雨造成的信号衰减约为

36 dB/km,即在 100 m 的传输范围内,信号损耗为 3.6 dB。

(2)穿透能力:当 2.4/5.9 GHz 信号穿透某些物体时,毫米波信号很容易被大多数固体材料遮挡。即使是人体,也会引入 20~50 dB 的功率损失。由于美国联邦通信委员会限制传输功率为 40 dBm,毫米波没有足够大的传输功率绕开障碍物的遮挡[2],因此,在动态且障碍物丰富的交通环境中保证毫米波链路的鲁棒性是具有挑战性的任务。

(3)多普勒效应:多普勒效应造成收、发节点之间的频率差为多普勒频移,其取决于频率和移动性,计算公式为 $f_d = v\cos\dfrac{\theta}{\lambda}$。如果毫米波频率为 3~60 GHz,移动速度在 3~350 km/h,则多普勒频移范围将在 10 Hz 到 20 kHz 之间。由于波束的定向集中,多普勒频谱存在非零偏差,接收端自动频率控制(Automatic Frequency Control,AFC)对其进行了很大限度的补偿。本章参考文献[3]的研究结果表明,在车载通信系统中毫米波的多普勒效应可以很好地得以解决。

综上,毫米波技术为车联网应用带来机遇的同时,也带了新的挑战,我们需要综合考虑毫米波的传播特性,使其支持自动驾驶的场景需求。

6.2 车载毫米波网络通信挑战

毫米波网络将推动和支撑车载通信的新型服务,但在将毫米波技术普及到车载通信领域,仍需要解决几个重要的技术挑战,其中包括耳聋和阻塞、车辆移动下毫米波链路的切换、车辆移动模型、波束宽度大小的适应、智能感知协议和波束管理等问题。

1. 耳聋和阻塞问题

耳聋和阻塞可能会阻碍毫米波环境中的通信,这些现象在车载网络中更为严重。当传输的波束朝向接收器设备未对准时会发生耳聋,而阻塞是指由于障碍物或任何其他外部原因而发生高穿透损失的现象[4]。虽然诸如增加传输功率之类的解决方案可以增加无线电覆盖范围,但是在上述情况下,并不能改善性能。因此,为了解决这些问题,有必要确定性能下降的原因(耳聋或阻塞)。接下来,需要一个有效的解决方案来解决这个问题。例如,一种可以在由于波束未对准而导致访问失败的情况下重新指向波束的自适应技术将值得被研究。

在车载网络中,网络拓扑结构变化得非常快,耳聋和阻塞经常发生,区分它们变得更具挑战性。在高速移动环境中,频繁更新包括位置信息的邻居表是一项艰巨的任务。在这种情况下,车辆就无法获得邻居的精确位置,这会导致波束不对准,从而导致发射器和接收器之间的耳聋[5]。解决这一问题的一种可能的解决方案是在 V2I 和 V2V 场景中执行车辆之间的协作,以便获得准确的位置信息。

车载毫米波网络中数据的定向传输和阻塞是两个重要特征。然而,目前的研究结果并没有在现实场景中解决这些问题。在车载毫米波网络中,不仅重型车辆会阻碍数据包传输,小型汽车也会降低信道质量[6]。这种恶化是由多径衰落和信号阴影造成的。因此,自适应波束宽度对于解决多径衰落和实现公平性非常重要,尤其是在城市车辆场景中。窄波束可以缓解多径衰落。然而,对于非常窄的波束宽度(10°[7]),波束训练的开销代价都很大。本章参考文献[8]的作者通过基站基于之前时隙的波束成形向量预测某个链路是否容易受到阻塞来解决链路阻塞问题。此外,可以通过部署更多路边单元来减少阻塞事件,但这会导致系统的响应速度降低。还有一种可能的解决方案是在链路阻塞期间切换到 sub-6GHz[9]。

2. 车辆移动下毫米波链路的切换问题

在毫米波网络中,定向天线的可行性取决于有效的波束对准和跟踪。现有的基于毫米波的无线技术标准(如 IEEE 802.11ad)确认了这一要求。在车载环境中,光束对准更具挑战性,因为它需要在很短的时间内完成。这就需要开发非常快速的波束对准技术以满足车辆的移动性要求[10-11]。此后,需要波束跟踪来保持发射器和接收器之间的波束对准。

有效的波束跟踪可以提高车辆通信的性能。特别是,可以通过考虑车辆的移动方向、接入点上的位置和负载来采用波束跟踪,而不是仅根据 SINR 选择最佳接入点。通过使用上述这些参数的组合,车辆与基础设施节点之间的交互时间会增加,从而显著减少切换次数,从而可以做出更有效的切换决策。本章参考文献[12]、[13]描绘了在选择最佳 mmWave 接入点时用于高级切换的模糊逻辑系统。模糊逻辑由模糊化、推理机和去模糊化3个主要部分组成。为了准确地设计模糊逻辑,我们需要找到输入的数量、输入的范围、知识库和输出变量及其范围。车辆可以用来作为决策的输入参数,包括车辆到路边单元的距离和相对位置,以及传输信道质量。

在现有文献中,研究人员一直专注于分布式天线机制(形成大型虚拟小区),其中所有连接的基础设施节点将相同的信息传输到无线电覆盖范围内的所有节点。该机制可以显著降低切换频率。然而,这种机制的频率重用性差,其中相同的频率可以在不同的小区中重用[14]。因此,需要进一步研究空间复用与频率切换之间的权衡问题。

3. 车辆移动模型问题

车辆通信的现实仿真研究会对仿真结果的可信度有重大影响。移动模型代表了车辆的真实运动和车辆的城市场景。因此,移动模型应该包含有效的车辆交互。现存在几种移动模型,它们使用车辆网络模拟器(如 SUMO 或 STRAW[15-17])生成移动轨迹。尽管车辆移动模型在生成道路轨迹方面很重要,但车辆运动的微观建模尚未得到充分研究[18]。这是因为 SUMO 道路交通模拟器假设车辆的速度是恒定的,而 STRAW 支持随机路径点车辆运动。因此,为了评估毫米波波束的偏置,需要进一步研究车辆的微观运动。

4. 波束宽度大小的适应问题

现有的大部分与波束传输方向性相关的工作都基于宽波束(60°),然而,这会降低传输速率。此外,毫米波通信通常使用更窄的波束宽度以提供更准确的方向性和更大的网络吞吐量。不过由于需要在多个方向上进行波束搜索,因此此过程会产生对准开销,对准开销的定义为找到最佳波束所需的时间。此外,从附近车辆到指定基础设施节点的通道访问请求可能导致高丢包率。这是因为较小的小区会增加信道访问的拥塞。因此,有必要考虑基于 DSRC 短程通信的车与车之间的合作[19]。我们还需要将波束宽度从大尺寸调整为小尺寸,以便在开销和网络吞吐量之间进行权衡。由于交通条件的快速变化和车辆的高机动性,因此需要更有效的波束形成算法。

5. 智能感知协议问题

如今,许多类型的传感器被嵌入车辆中,以提高其传感能力。传感器和 C-V2X 技术可以相互补充。多种类型的传感器可以实现不同的功能,如长短程雷达、激光雷达、无处不在的相机和超声波传感器。这些多样化的传感器可以提高驾驶辅助系统的鲁棒性,并使汽车更加自主。嵌入式传感器的普及将使智能交通系统更加高效可行[20]。优化后的传感器融合引擎在获取了各种传感器的信息后,需要理解多种形态,然后做出预警、辅助或控制车辆的决策,展示了融合多个传感器的输出、构建智能信息的过程,这些信息可以用来让车辆更好地了解周围的环境。然后,这些信息反馈给下层,以决定波束形成、波束对准和其他几个相关的过程。较低层(即物理层和 MAC 层)的协议应该利用车辆对周围环境的感知。这种传感能力可以使底层协议智能化。例如,支持感知 MAC 协议的发射器可以提前探测到障碍,并开始寻找与接收器对齐的另一个最佳波束。为此,迫切需要利用这些传感信息来改进针对车载毫米波网络的底层协议设计和实现。

6. 波束管理问题

波束管理在保证发射机和接收机之间的高质量无线信道方面起着重要作用。波束管理包括波束扫描、转向和选择。通过波束管理,车辆可以连续获取信道的信噪比,从而相应地调整波束方向。在无线接入过程中,我们需要开发高效可靠的波束管理技术,并且当由于阴影和车辆运动而导致无线信道发生变化时,需要能够对车辆进行快速的波束跟踪。此外,在通信链路较差或通信阻塞的情况下,保持基于波束恢复的车载通信也至关重要。

在车辆网络中,如何利用波束跟踪检测由于车辆移动性或无线电阻塞而导致的链路故障仍是一个有待研究的问题。目前正在进行的工作可见本章参考文献[21]~[23],旨在降低波束扫描的复杂性。然而,这些工作并没有确定链接中断的原因是由阻塞还是移动引起的。利用较低的频带(如 2.4 GHz)将有助于估计接收机的方向,然后执行智能波束管理。通过这种方式,收发器可以更好地实现诊断和故障排除功能。

6.3 毫米波与 sub-6GHz 协同无线接入技术与资源管理

6.3.1 多频段协同接入网络功能架构

本节在网络架构方面,构建融合毫米波与 sub-6GHz 多频段协同接入的新型网络功能架构,设计 MAC 层融合的集成接口,在控制层面实现毫米波与 sub-6GHz 资源的快速联合调度,可以提高控制信令的可靠性,并且最大化减小毫米波波束训练的开销和时延,在数据层面联合调度毫米波与 sub-6GHz 异质资源,在提高网络频谱效率的同时可维持毫米波链路的鲁棒性。具体设计如下。

车联网多频段协同接入的新型网络功能架构如图 6-1 所示,功能架构中的节点通信模式包括车辆与车辆(V2V)之间的通信、车辆与路边基础设施(V2I)之间的通信、基础设施之间(I2I)的通信以及毫米波基站与云端(I2C)服务器之间的通信。该功能架构主要包括 3 种网络元素且各自主要功能如下。

(1) 车辆节点。作为网络中的动态网络元素,车辆装载 LiDAR、摄像头和其他传感器等,通过多源多模态数据分析来重建 3D 路况,感知周围环境信息。此外,每辆车都配备 sub-6GHz 和 mmWave 无线两种无线接口,既可以通过 sub-6GHz 频段进行广范围的通信,传输基本业务信息,也可以通过大带宽毫米波频

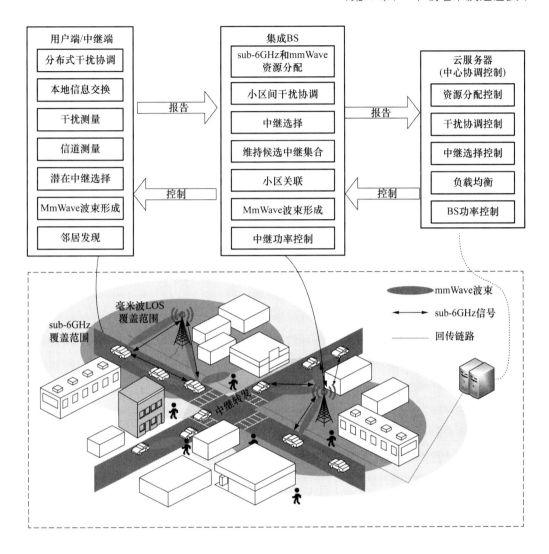

图 6-1 车联网多频段协同接入的新型网络功能架构

段共享海量实时感知数据。

（2）路边基础设施。作为网络中的静态网络元素，路边基础设施包括 HD 摄像机、sub-6GHz 和 mmWave 无线电硬件。由于 sub-6GHz 的路径损耗更低，因此小区关联可以基于 sub-6GHz 实现移动鲁棒性，避免高速移动带来的频繁小区切换。通过收集链路信道测量值，路边基础设施可以为车辆节点和中继分配资源，实现中继选择、干扰管理等。

（3）云端服务器（中心控制器）。云端服务器具有很强的数据分析和计算能力，从宏观上处理收集到的信息，进行资源分配、中继选择。云端服务器与集成基站之间的连接为有线连接,当车辆感应到但不能识别物体或人的手势时,基础设施将 HD 视频传输到云端服务器进行集中处理和识别,并将其结果反馈回去。

MAC 层融合的集成接口如图 6-2 所示,基于 5G 无线接入网(NG-RAN)的灵活架构和不同的 RAN 分割选项,设计车联网多频段无线协同接入的新型网络功能架构。该架构包括 3 个子系统单元:远程无线单元(RRU)、分布式单元(DU)和中心化单元(CU)。由此决定了此无线接入网络将会包括 3 种链路:RRU 与 DU 之间的前程链路、DU 与 CU 之间的中程链路以及 CU 与核心网之间的回程链路。图 6-2 展示了 MAC 层集成的无线接入的上行用户面,该架构可以实现通过一个 MAC 功能来同时管理毫米波、微波两个无线接口。具体地,针对车辆环境下拓扑变化快的特点,以及毫米波 3 种无线链路状态(LOS、NLOS、阻挡),根据链路质量、QoS 要求与流量负载情况来设计合理高效的 MAC 功能来管理和选择毫米波与 sub-6GHz 两个无线接口。在毫米波链路阻挡中断时,车辆自主或基站干预协调选择合适的候选中继节点维持链路持续性。

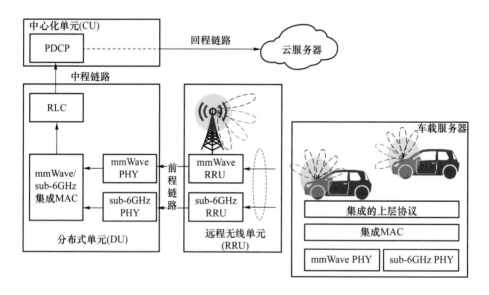

图 6-2 mmWave 和 sub-6GHz MAC 层融合的集成接口

在以上统一的车联网架构下,采用理论分析和数学优化方法,分别研究基于信道模型的传输中断概率和波束相干时间分析的多频段接入机制、sub-6GHz 信道信息辅助的毫米波快时变信道估计及波束对准和面向不同业务多样性的高谱

|第6章| 车载毫米波通信技术

效多频段资源协同调度策略。

6.3.2 基于信道模型的无线接入传输理论分析

为了定量分析车辆高速移动产生的波束指向误差和多普勒频移导致的子载波间干扰对毫米波链路可靠性的影响,引入典型的毫米波几何 eSV 信道模型,基于特定的天线阵列结构和模拟波束成形处理,建模接收信干噪比并推导中断概率与车辆移动速度、运动方向、波束成形向量等参数的关系。进一步,为了确定高速移动场景下链路不发生中断的波束对准周期,基于接收信号强度的变化定义波束相干时间,并根据天线方向图和信道角度功率谱(PAS)的概率分布,用几何建模的方法推导其与车辆移动速度、运动方向以及波束宽度的定量关系。

(1) 毫米波定向链路的传输中断概率

考虑毫米波大规模天线场景,为了简化分析,假定收发均配置单 RF 链路,均采用天线单元为 N 的均匀平面阵列(UPA),系统模型如图 6-3 所示。N_c 个频域数据符号经过 IFFT 并添加循环前缀(CP)后,通过模拟波束成形器 f 后分为 N_t 路信号,这些信号从 N_t 根发送天线发出,经过毫米波信道传输到达接收端。接收端经过模拟合并器 w、去 CP 和 FFT 处理,得到频域 N_c 个子载波上的接收信号。

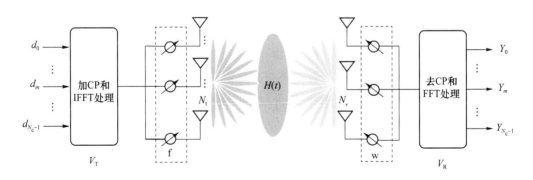

图 6-3 模拟波束成形结构图

采用典型的 eSV 几何模型建模毫米波信道,该信道模型可以很好地反映毫米波传播的分簇特性。第 N_t 根发送天线到第 N_r 根接收天线之间在第 t 时间帧中第 i 个符号的信道矩阵可以表示为

$$\boldsymbol{H}_{t,i} = \sqrt{\frac{N_t N_r}{N_{cl} N_{ray}}} \sum_{c=1}^{N_{cl}} \sum_{l=1}^{N_{ray}} \alpha_{t,c,l} e^{j2\pi f_{d,t} j\cos(\theta_{t,c,l}^R + \eta_t)} \boldsymbol{a}_R(\varphi_{t,c,l}^R, \theta_{t,c,l}^R) \boldsymbol{a}_T^H(\varphi_{t,c,l}^T, \theta_{t,c,l}^T) \quad (6-1)$$

其中，N_{cl}、N_{ray}分别代表信道中簇的个数和每簇中的径数，$\alpha_{t,c,l}$是第c簇第l条径的路径复增益，通常假设其服从均值为1的指数分布且各径独立；$f_{d,t}$是归一化的最大多普勒频移，与车辆运动方向、速率、波长以及角度有关，η_t是接收端天线阵列相比移动方向的旋转角度；$\varphi_{t,c,l}^R(\theta_{t,c,l}^R)$和$\varphi_{t,c,l}^T(\theta_{t,c,l}^T)$分别为第$c$簇第$l$条径的到达角AoAs和离开角AoDs(两者均包括方位角和仰角)，对应收发端的阵列响应因子分别为$\boldsymbol{a}_R(\varphi_{t,c,l}^R, \theta_{t,c,l}^R)$和$\boldsymbol{a}_T^H(\varphi_{t,c,l}^T, \theta_{t,c,l}^T)$。

基于上述毫米波信道模型，考虑高速移动场景下的SISO-OFDM系统，可以推导出频域第m个子载波上的接收信号：

$$Y_m = \sum_K \sqrt{P} H_m^k d_{m-k} + N_m = \sqrt{P} H_m^o d_m + \sum_{K \neq 0} \sqrt{P} H_m^k d_{m-k} + N_m \quad (6-2)$$

其中d_m表示子载波m上发送的数据符号，P表示发送功率，$\sum_{K \neq 0} \sqrt{P} H_m^k d_{m-k}$表示由于信道时变特性多普勒频移所产生的ICI，$H_m^K$表示为

$$H_m^K = \sum_{l=1}^L \Delta f \left(\int_0^{\frac{1}{\Delta f}} \alpha_l(t) e^{-j2\pi k \Delta f t} dt \, e^{[-j2\pi(m-k)\Delta f \tau_l]} \right) \quad (6-3)$$

其中，Δf表示子载波间隔，基于信道模型[式(6-1)]，此处信道的等效复增益$\alpha_l(t)$为

$$\alpha_{c,l}(t) = \sqrt{\frac{N_t N_r}{N_{cl} N_{ray}}} \sum_{c=1}^{N_{cl}} \sum_{l=1}^{N_{ray}} \alpha_{t,c,l} e^{j2\pi f_{d,t} i\cos(\theta_{t,c,l}^R + \eta_t)} \boldsymbol{w}^H \boldsymbol{a}_R(\varphi_{t,c,l}^R, \theta_{t,c,l}^R) \boldsymbol{a}_T^H(\varphi_{t,c,l}^T, \theta_{t,c,l}^T) \boldsymbol{f}$$

$$(6-4)$$

由式(6-4)可知，$\alpha_{c,l}(t)$表示多个独立指数分布随机变量$\alpha_{c,l}$的线性和。基于t时刻到达角和离开角的方位角和仰角可以确定最佳模拟编码$\boldsymbol{w}$与合并向量$\boldsymbol{f}$，基于$t+\tau$时刻到达角和离开角可以确定天线阵列增益，两者体现出波束指向误差和多普勒频移对接收信号的影响。因此，子载波m的信干噪比可以表示为

$$\gamma_m = \frac{P |H_m^o|^2}{P \cdot \sum_{k \neq 0} |H_m^k|^2 + |\boldsymbol{w}^H|^2 \sigma^2} \quad (6-5)$$

则低于目标数据速率R_{th}的传输中断概率为

$$\varepsilon = P\left(\frac{1}{N_C} \sum_{m=1}^{N_C} \log_2(1+\gamma_m) < R_{th} \right) \quad (6-6)$$

为得到式(6-6)的下界值,可根据 Jensen 不等式和 Parseval 定理等方法缩放界值。

基于上述初步分析可见,车辆移动过程中毫米波波束失准概率(即链路发生传输中断的概率)与毫米波波束指向、车辆移动性等因素紧密相关,通过评估多普勒频移对传输可靠性的影响,来决定是否对高速移动场景下毫米波定向波束进行多普勒频偏估计补偿,在非必要补偿情况下显著减少链路建立的时延和信令开销,在必要补偿情况下进行相应的多普勒补偿。

(2) 毫米波波束相干时间

进一步简化式(6-6)推导的中断概率,采用一个更为简单直观的参数来度量高速移动场景下毫米波链路质量随车辆运动变化的规律,从而确定合理有效的波束对准周期。由于信道 AoAs/AoDs 的变化取决于大尺度散射环境的特性,其变化速率取决于小尺度的路径增益变化,因此,定义波束相干时间为波束保持对准的持续时间。在给定接收波束宽度下,若接收信号功率变化之比低于某个阈值 $\zeta \in [0,1]$,则波束失准,即

$$T_B = \inf_\tau \left\{ \tau \,\middle|\, \frac{P(t+\tau)}{P(t)} < \zeta \right\} \tag{6-7}$$

其中,$P(t)$ 和 $P(t+\tau)$ 分别表示 t 和 $t+\tau$ 时刻收发波束完全对准方向和波束偏离对准方向时的接收功率。当 $\tau = T_B$ 时,$\frac{P(t+\tau)}{P(t)} = \zeta$,下面将针对 LOS(视距)场景和 NLOS(非视距)场景分别展开初步分析。

对于 LOS 场景,假定天线方向图 $G[\alpha/\theta(t)]$ 服从与波束宽度 θ_w 有关的冯·米赛斯分布:

$$G[\alpha|\theta(t)] = \frac{1}{2\pi I_0\left(\frac{1}{\theta_w^2}\right)} e^{1/\theta_w^2 \cos(\alpha - \theta(t))} \tag{6-8}$$

其中 α 代表波束的到达角,$I_0(x)$ 为第一类修正零阶贝塞尔函数。由于 LOS 场景下接收功率正比于接收天线方向图,即 $P(t) \propto G(\alpha|\theta(t))$,因此,

$$\frac{G(\alpha|\theta(t+\tau))}{G(\alpha|\theta(t))} = \zeta \tag{6-9}$$

以二维平面的方位角为例,如图 6-4(a)所示,接收车辆从 A 点移动到 B 点的,运动距离为 $\Delta d = v\tau$,波束指向的变化为 $\Delta\theta = \theta(t+\tau) - \theta(t)$。根据正弦定理可推导得

$$\frac{D}{\sin(\pi - \theta(t))} = \frac{\Delta d}{\sin \Delta\theta} \xrightarrow{\sin(\theta(t)) \approx \theta(t)} \Delta\theta \simeq \frac{v\tau}{D} \sin(\theta(t)) \qquad (6\text{-}10)$$

结合式(6-8)~(6-10),则可确定波束相干时间 T_B 与车辆运动速度、方向及波束宽度之间的定量关系:

$$T_B = \frac{D}{v \sin(\theta(t))} \cos^{-1}(\theta_w^2 \log \zeta + 1) \qquad (6\text{-}11)$$

对于 NLOS 场景,如图 6-4(b) 所示,空间散射体分布在一个半径为 D_r 的环上,用散射半径代替收发节点之间的距离,而接收功率、天线方向图 $G[\alpha \mid \theta(t)]$ 和毫米波信道的角度功率谱 $\mathscr{P}[\alpha \mid \theta(t)]$ 的关系可表示为 $P(t+\tau) = \int_0^{2\pi} \mathscr{P}[\alpha \mid \theta(t)] G[\alpha \mid \theta(t+\tau)] \mathrm{d}\alpha$(参考典型的毫米波信道测量结果可以得到相应场景下的角度功率谱),采用和 LOS 场景下类似的分析思路,可得到 NLOS 场景下的波束相干时间。

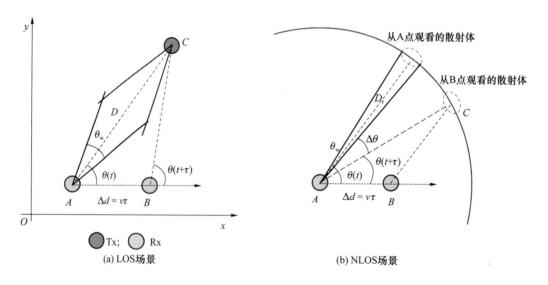

图 6-4 车辆从 A 点移动到 B 点的示意图

6.3.3 基于 3D 射线追踪的多频段信道相关性建模与分析

尽管毫米波信道和 sub-6GHz 信道的频率间隔很大,但目前已有部分研究证实了带外信息能够辅助建立毫米波链路。本节首先基于 3D 射线追踪测量并分析车联网多频段信道在空间和时间上的相关性。在此基础上,本节建模多频段的信道协方差矩阵,给出 sub-6GHz 信道转移至 mmWave 信道的信噪比定量损失,为 sub-6GHz 信道空间信息辅助的毫米波快时变信道估计与无线接入提供理论基础。

首先,采用 3D 射线追踪方法来探索和验证在车辆移动情况下 sub-6GHz 与毫米波频段信道的一致性,仿真场景包括城市街道、广场、和高速公路等,对多个频段的路径损耗、延迟拓展、极化特性、角度特性等参数进行统计分析,通过射线追踪仿真验证信道参数在频率域的空间相关性。如图 6-5~6-7 所示,5.9 GHz 与毫米波频段 28 GHz 信道的小尺度参数变化都比较规律,但变化量都很小,尤其是与角度拓展、时延拓展相关的信道参数,另外,LOS 和 NLOS 的状态大部分近似相同。在 LOS 和 NLOS 场景下,大尺度参数变化有一定的规律,但是相对而言随着频率的变化大尺度参数的变化量较大。

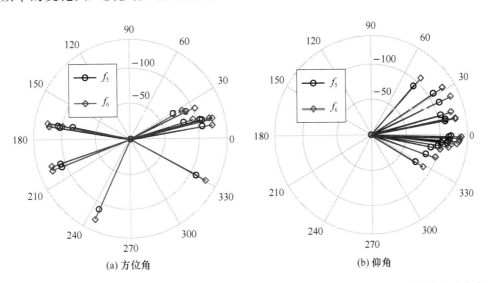

图 6-5 LOS 路径下移动车辆分别在 $f_5=5.9\,\mathrm{GHz}$ 和 $f_6=28\,\mathrm{GHz}$ 频率下 AOA 的方位角和仰角

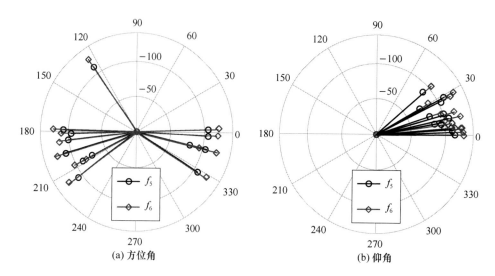

图 6-6　LOS 路径下移动车辆分别在 $f_5=5.9\,\text{GHz}$ 和 $f_6=28\,\text{GHz}$

频率下 AOD 的方位角和仰角

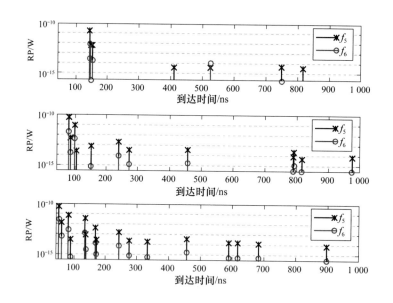

图 6-7　移动车辆在 $f_5=5.9\,\text{GHz}$ 和 $f_6=28\,\text{GHz}$

频率下 TOA 域的接收功率

基于上述 sub-6GHz 和 mmWave 信道参数的相关性分析,将主要考虑小尺度参数在频域的空间相关性,尤其是多径的角度拓展和时延拓展的相关性,建模高低频相关信道并进行误差性能评价。定义 sub-6GHz 和 mmWave 的信道协方差

分别为 $\underline{R}$ 和 R，其中基于 5G 原有的低频信道估计算法得到 $\underline{R}$ 包含的信道参数，如簇的数量 C、每个簇的 AoA_{θ_c} 和角度扩展 AS_{σ_c}，以及每个簇在协方差中的占比 ε_c，而 R 则可根据 $\underline{R}$ 进行协方差矩阵转移得到，即通过将低频估计的参数直接代入 mmWave 的信道协方差矩阵，转换之后的 mmWave 信道协方差矩阵为

$$\boldsymbol{R} = \sum_{c=1}^{C} \varepsilon_c \boldsymbol{R}(\underline{\theta}_c, \underline{\sigma}_c) \tag{6-12}$$

以单径信道为例，本研究将估计协方差中的误差建模为可加性，即真实协方差矩阵和估计协方差矩阵因扰动 ΔR 而不同，即 $\hat{R}=R+\Delta R$，则所造成的接收端信噪比损失可近似表示为

$$\gamma = \frac{SNR_{\boldsymbol{R}}}{SNR_{\hat{\boldsymbol{R}}}} \tag{6-13}$$

基于估计的信道，通过奇异值分解设计收发端的预编码和解码向量，代入信噪比计算公式，可以推导出 SNR 损失的显式表达式。

6.3.4 车辆高动态场景中毫米波快时变波束对准与追踪

基于以上对车联网中毫米波传输中断概率、波束相干时间、sub-6GHz 和毫米波信道相关性等基础理论的分析，设计车联网多频段协同无线接入机制和帧结构。如图 6-8 所示，一个完整帧结构的持续时间为 $T_s + T_t$，相应接入机制的流程包括两大部分：第一部分可细分为车辆发送注册请求阶段、基站集中调度阶段和分发调度策略阶段；第二部分包含多个数据传输时隙 $t_1 \sim t_n$，其中每个时隙包含波束训练和数据传输两个阶段，在 t_1 阶段进行初始波束训练和波束对准，之后基于车辆的移动特性和信道信息进行波束跟踪。整个流程如下。

T_s 阶段：车辆通过其配备的 GPS、速度监控等传感器设备获取位置信息、运动速度及方向等信息，并通过与基站建立 5G 低频通信信道，将这些信息按照一定的协议格式周期性地向基站上报，此外，具有毫米波通信请求的车辆可将请求上报。基站接收到覆盖范围内所有车辆的信息和通信请求后，通过整合车辆位置、车辆尺寸、车辆运动状态等信息以及对毫米波通信链路的分析和计算，可以计算

出各通信链路的通信中断概率和波束相干时间,建立毫米波通信网络及需求拓扑,规划出在哪些车辆间可以建立毫米波链路,统一调度毫米波通信链路以及高低频资源。之后,基站将调度结果告知相关车辆(包括车辆位置信息、波束角度、接入资源等)。

T_t 阶段:车辆根据接收到的调度结果,使用波束成形技术加速毫米波通信链路的建立。具体地,为减少初始接入时波束训练开销,采用 sub-6GHz 信道空间信息辅助的毫米波快时变信道估计方法,实现快速高效的毫米波链路建立。毫米波通信链路建立完毕后,为解决维持链路可靠的频繁波束训练问题,采用角域选择性信道跟踪和多普勒补偿方法,以减少跟踪开销。

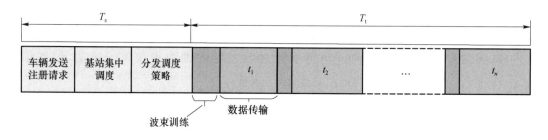

图 6-8　帧结构

(1) 基于 sub-6GHz 先验信息的毫米波波束对准

针对车辆的高速移动性带来的频繁波束训练问题,为了减少频繁波束训练带来的资源开销,并且保证信道状态信息的准确获取,结合 sub-6GHz 与毫米波频段信道参数在频率域的空间相关性,以及信道稀疏特性和概率信道信息,设计最佳波束成形向量,将其与时间动态的信道估计算法相结合,可显著减少训练开销,提高毫米波波束训练性能。

基于多频段的空间一致性,首先提取 sub-6GHz 角度域信道信息作为先验信息,用于设计动态压缩感知恢复算法进行毫米波信道估计。由于 MIMO 信道的估计对 sub-6GHz 系统本身是必需的,因此,从 sub-6GHz 信道中提取空间信息不会产生任何额外的训练开销。根据信道的频域相关性的结论,sub-6GHz 与毫米波信道在多径的角度拓展和时延拓展方面变化相对较小,有很强的相关性,而信道在采样后网格上的分布正代表了信道多径的角度分布,与角度拓展密切相关。

也就是说,对于相同位置间的通信系统,sub-6GHz 和毫米波信道在网格上的稀疏分布是相似的。因此,可以认为对于 sub-6GHz 值较大的网格区域,毫米波在该区域出现非零值的概率更大,反之亦然。但是仍然存在一个问题,由于阵列天线数量不同,sub-6GHz 信道维度远小于毫米波信道维度,对应的分解网络粒度也不同,无法一一对应。根据 3D 射线追踪的信道空间一致性分析,信道参数在空间的变化除因障碍物导致的边界处外都呈现连续性。因此在这里采用插值的方法解决维度不一致问题,提取 sub-6GHz 信道的有效信息:

$$E = Z^* H W \tag{6-14}$$

其中,Z^* 为 sub-6GHz 波束成形矩阵,H 为 sub-6GHz 传播信道,W 为接收端测量矩阵。将 sub-6GHz 信道在空间上分解,式(6-14)向量化后得到 $e = \text{vec}(E)$。进行归一化后,得到 sub-6GHz 信道信息的先验权重为

$$p = \eta_p \frac{e - \min e}{\max e - \min e} \tag{6-15}$$

其中 $\eta_p \in (0,1]$ 是权重系数,表示 sub-6GHz 信息的可靠性或 sub-6GHz 与毫米波信道信息的相关性程度,在一般情况下,车辆通信环境越复杂,障碍物等越多,该系数越小,反之,则该系数越大,如在完全直视径的情况下,该系数为 1。接下来,将计算得到的 P 作为压缩感知恢复的先验概率用于毫米波波束对准。

对于波束训练测量值得到

$$Y = \sqrt{P} W^H H F + Q \tag{6-16}$$

其中 F 为毫米波波束成形矩阵,H 为毫米波传播信道,W 为接收端测量矩阵。根据毫米波信道的稀疏性和 Khatri-Rao 乘积的性质,式(6-16)向量化后得到

$$y = \sqrt{P}(F^T \otimes W^H)(A_{TX}^* \otimes A_{RX})\alpha + n_Q \tag{6-17}$$

根据上面的公式,采用压缩感知方法可以设计估计算法来确定量化的 AoAs/AoDs。定义感知矩阵为 $\Psi = (F^T \otimes W^H)(A_{TX}^* \otimes A_{RX})$,CS(压缩感知)算法的目标将是有效地设计该感知矩阵,以保证向量 α 中非零元素的高概率恢复,并具有少量的测量。一个常见的标准是限制等距性质(RIP),它要求矩阵 $\Psi^H \Psi$ 接近对角线。

对于感知矩阵,结合 sub-6GHz 信道先验信息设计训练波束,在压缩波束选择方面提供增益,设计的训练波束由毫米波码本中与 sub-6GHz 预编码相关性最

强的码字组成,以提高感知矩阵的相关性。

$$\chi(\boldsymbol{\Psi}) = \max_{m<n} \frac{|[\boldsymbol{\Psi}]_{:,m}^* [\boldsymbol{\Psi}]_{:,n}^*|}{\|[\boldsymbol{\Psi}]_{:,m}^*\|_2 \|[\boldsymbol{\Psi}]_{:,n}^*\|_2} \qquad (6-18)$$

进一步,从以上选择的波束码本中最终选择最佳的 N_d 个波束索引,使信道估计误差最小。

$$(f_{p,t,1}^*, \cdots, f_{p,t,N_d}^*) = \arg \min E[\|\boldsymbol{h}_{p,t} - \hat{\boldsymbol{h}}_{p,t}\|_2^2] \qquad (6-19)$$

其中 $\hat{\boldsymbol{h}}_{p,t}$ 是 $\boldsymbol{h}_{p,t}$ 的估计值,由于组合矩阵和波束成形矩阵都影响信道估计性能,因此需要对它们进行联合优化。为了简化优化过程,采用解耦联合优化步骤,只对感知矩阵中的波束成形矩阵 $\boldsymbol{F}_{p,t}$ 进行优化。代价函数的实际评估取决于所使用的信道估计算法,为了避免上式中代价函数对算法选择的依赖性,可以使用 AoD 方差的解析界作为性能指标,推导出信道估计误差的 CRLB 界,以低频信道估计提供的信道先验概率知识,自适应形成较少的最佳毫米波波束成形向量,并且能够确保较好的信道估计和波束对准性能。具体的波束选择算法可以采用逻辑加权 OMP 算法,简称 LW-OMP 算法,其主要原理与 OMP 算法的相同,但是过程中利用先验信息作为加权权重,给出非等概条件下稀疏信号的贪婪恢复过程,而 OMP 算法则相当于等概条件下的 LW-OMP 算法。

(2)高移动场景下角域选择性信道跟踪和多普勒补偿

由于车辆间的高速运动,因此为了维持链路的可持续性,信道测量和信令交互次数增加,且发射的信号通过多个不同的路径传播,以不同的多普勒频偏到达接收机,从而产生一个快速时变多径衰落信道。为了缓解多普勒引起的信道老化,并减少信道估计的导频开销,提出在用户端进行角域选择性信道跟踪,并进行多普勒补偿的方案。首先,设计一种角域选择性信道跟踪方案,仅估计用以多普勒补偿的部分信道参数,以显著减少导频开销。具体地,将角度域名信道估计问题建模为动态压缩感知问题,采用三层马尔科夫模型捕捉部分角域信道的动态稀疏性,采用多普勒感知的动态变分贝叶斯推理(DD-VBI)算法求解该问题。此外,以平衡最有希望的信道方向增益和探索未知信道方向为出发点,在发送端设计训练波束,提高训练矢量的精度。最后,基于部分信道估计参数,在用户端进行角域选择性 DFO 补偿,将快时变信道的转换为慢时变有效信道。方案结构如图 6-9 所示。

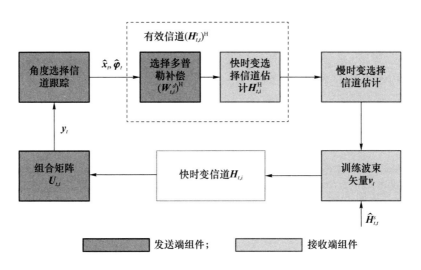

图 6-9 角域选择性信道跟踪和多普勒补偿方案

首先,建模角域选择性信道追踪问题为动态压缩感知问题。以窄带系统为例,信道是平坦衰落的,基于信道模型[式(6-1)],假设传播路径的总数为 L_t,收发端采用天线单元为 N 的均匀线阵(ULA),则第 t 时间帧中第 i 个符号的信道矩阵可简化为

$$\boldsymbol{H}_{t,i} = \sum_{q=1}^{L_t} \alpha_{t,q} e^{j2\pi f_{d,t} i \cos(\theta_{t,q}^{R} + \eta_t)} \boldsymbol{a}_R(\theta_{t,q}^{R}) \boldsymbol{a}_T^H(\theta_{t,q}^{T}) \tag{6-20}$$

假设通道参数 L_t、$\alpha_{t,q}$、$\theta_{t,q}^R$、$\theta_{t,q}^T$、$f_{d,t}$、η_t 在每帧内是固定的,但在不同帧内可能会改变,即使对高速用户也是如此。然而,由于多径中不同 DFO 引起相位 $2\pi f_{d,t} i \cos(\theta_{R,t,q} + \eta_t)$ 快速变化,因此信道矩阵 $\boldsymbol{H}_{t,i}$ 在每个符号上快速变化。通过对 AoAs 和 AoDs 在 $[-\frac{\pi}{2}, \frac{\pi}{2}]$ 进行均匀网格化,$\boldsymbol{\beta}_R$ 和 $\boldsymbol{\beta}_R$ 分别 AoAs 和 AoDs 角度偏离网格的向量,则式(6-21)的信道模型可表述为角域信道模型:

$$\boldsymbol{H}_{t,i}(\boldsymbol{\varphi}, \boldsymbol{\beta}_T) = \boldsymbol{A}_{R,i}(\boldsymbol{\varphi}) \tilde{\boldsymbol{X}} \boldsymbol{A}_T^H(\boldsymbol{\beta}_T) \tag{6-21}$$

其中 $\boldsymbol{\varphi} = (\boldsymbol{\beta}_R, f_d, \eta)$,$\tilde{\boldsymbol{X}}$ 为角域信道矩阵,代表路径复增益。从信道模型(6-20)可知,DFO 只会发生在接收端侧,AoA 与 DFO 参数是一一对应的关系。由于收、发用户都配备了大规模天线阵列,估计全角域信道参数(即全角域信道矩阵 $\tilde{\boldsymbol{X}}$、旋转

角 η 和最大 DFO f_d）将会带来巨大的估计开销。因此，为了减少信令开销并提高信道估计性能，本章提出估计部分角域信道参数的方案。在训练向量 v 的作用下，对式(6-21)进行合并，得到部分信道模型：

$$H_i v = A_{R,i}(\boldsymbol{\varphi}) x \tag{6-22}$$

则第 t 帧中 N_p 个导频符号（训练向量）的所有接收信号可以建模为动态压缩感知问题：

$$y_t = F_t x_t + n_t \tag{6-23}$$

其中，测量矩阵 $F_t = [F_{t,i}^T]_{i \in N_p}^T$，$F_{t,i} = A_{R,i}(\boldsymbol{\varphi}_t)$ 中含有未知参数 $\boldsymbol{\varphi}_t$，x_t 代表部分角域信道参数，n_t 表示均值为 0，方差为 σ^2 的加性高斯白噪声。

其次，设计部分角域信道跟踪的估计算法。基于接收到的导频信号，接收端使用选择性信道跟踪算法获得估计的部分信道系数 $\hat{x}$、AoA 向量 $\hat{\boldsymbol{\beta}}_R$、旋转角 $\hat{\eta}$ 和最大 DFO $\hat{f}_d$。在大规模 MIMO 系统中，由于散射性有限，因此仅有角域中的几个维度被占用，因此大规模 MIMO 信道可以被稀疏表示。此外，部分角信道系数 x_t 的支持集也具有时间相关性。采用图 6-9 所示的三层马尔可夫模型来捕获 x_t 的动态稀疏性（即稀疏性的支持具有时间相关性）。第一层随机变量是信道支持向量 $s_t \in \{0,1\}^{\tilde{N}}$，其中第 n 个元素 s_t 的值表示在第 t 个时隙第 n 个 AoA 方向是否存在有效路径，若存在则 $s_{t,n} = 1$，若不存在则 $s_{t,n} = 0$。第二层随机变量是精度向量 $\boldsymbol{\gamma}_t$，用方差的倒数表示。第三层随机变量是部分角信道系数 x_t。联合 $1:t$ 时刻的随机变量，三层马尔可夫先验分布可由式(6-24)给出：

$$p(x_{1:t}, \gamma_{1:t}, s_{1:t}) = \prod_{\tau=1}^{t} \underbrace{p(s_\tau | s_{\tau-1})}_{\text{时间转移概率}} \underbrace{p(\gamma_\tau | s_\tau)}_{\text{Gamma超先验分布}} \underbrace{p(x_\tau | \gamma_\tau)}_{\text{高斯先验分布}} \tag{6-24}$$

其中，第 n 个 AoA 方向 $p(s_{\tau,n}=1|s_{\tau-1,n}=0)=\rho_{0,1}$ 和 $p(s_{\tau,n}=0|s_{\tau-1,n}=1)=\rho_{1,0}$ 表示了信道支持集的时间相关性。较小的 $\rho_{0,1}$ 或 $\rho_{1,0}$ 意味着收、发端之间的传播环境正在缓慢变化，信道支持集具有很高的相关性；而较大的 $\rho_{0,1}$ 或 $\rho_{1,0}$ 意味着传播环境正在发生快速变化，信道支持集随时间发生显著变化。上述三层马尔可夫信道模型是关于模型参数（如 $\rho_{0,1}$、$\rho_{1,0}$）中具有足够自由度的概率模型，可以对其进行调整以覆盖各种可能的信道统计量，且这些参数可以基于 EM（最大期望）算法自

动学习。因此,三层分层马尔可夫模型也为实际中的各种现实建模提供了更大的灵活性。

进一步根据所有观测值 $y_{1:t}$ 估计部分角域信道参数 x_t 和 φ_t,将这两个参数联合估计问题分解为两个组件。其中一个组件只涉及与第 $t-\text{th}$ 帧相关的变量,而另一个组件为来自前一个帧的消息,其收集了 $y_{1:t-1}$ 提供的可用信息。然后,对于来自前一帧的给定信息和观测 y_t,提出动态变分贝叶斯(DD-VBI)算法,通过图 6-10 所示的 DD-VBI-E 和 DD-VBI-M 两大模块不断迭代直到收敛来计算 x_t 的 MMSE 估计。

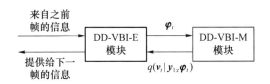

图 6-10　DD-VBI 算法的两大模块

最后,接收端基于角度域信道估计进行多普勒补偿。利用从角域选择性信道跟踪模块中获得的部分信道参数估计,将信道左乘 DFO 补偿矩阵 $W_i^{\text{d}} = [\tilde{a}_{\text{R},i}(\hat{\varphi}^n)]_{n \in N_\text{d}}$,使得高维快时变信道转换为较低维度的慢时变有效信道,即 $H_i^{\text{s}} = (W_i^{\text{d}})^{\text{H}} H_i$。发送端则根据在第 $t-1$ 个子帧结束时估计的慢时变有效信道 H_{t-1}^{s} 设计训练向量 v_t,用于下一帧的信道追踪。其基本思想是在利用已知信道方向(即在能实现较大波束成形增益的信道方向上传输训练信号)和探测未知信道方向(即在其他信道方向上传输训练信号以检测未知的信道方向)之间达到平衡。

6.3.5　面向不同业务 QoS 需求的高谱效多频段资源协同调度

在车联网多频段协同接入的新型网络功能架构下,为满足不同交通业务对传输速率、时延的要求,采用多频段资源协同调度的方式,以克服毫米波链路的不确定性,提高网络的频谱利用率。首先,将业务划分为轻量级业务和高量级业务,根据每个车辆用户的信道状态信息、延迟容忍度、所需负载以及毫米波信道 LOS 概率,联合优化 sub-6GHz 和毫米波资源调度,最大化满足传输需求的业务数量。

为解决这一问题,提出双边稳定匹配的联合调度算法,尽量将高量级业务分配在毫米波频段进行调度,并将由于毫米波 LOS 阻挡而无法完成调度的业务分配在 sub-6GHz 进行调度,以达到降低业务时延,提高传输可靠性目的。

首先,建模 sub-6GHz 和 mmWave 多频段传输模型。如图 6-11 所示,sub-6GHz 频段的资源在时域和频域分别被划分为子帧和子信道,资源块(Resource Blocks,RB)则为可以分配给用户车辆最小的时频资源单位,包含时域上的 1 个子帧和频域上的 1 个子信道。sub-6GHz 频段采用 OFDMA 方案,每个时隙中,多个业务可以通过 K_1 个资源块同时调度;毫米波频段资源按频域划分为 k 个 RB,该频段采用 TDMA 方案调度业务,每个业务由 K_2 个资源块组成,持续时间为 $\tau_{a,t}$ 的 OFDM 符号,传输前包含时长为 τ' 的波束训练开销。

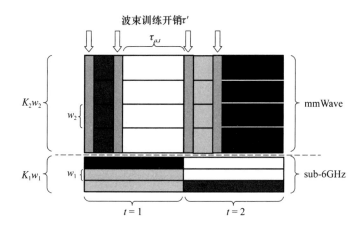

图 6-11　多频段资源协同调度(相同颜色表示同一用户的不同业务)

假设在时间 t 用户车辆有业务 a 到达,在低频 RB k 上可达传输速率可以表示为

$$R_a(k,t) = w_1 \log_2 \left(1 + \frac{p_{k,1} |g_{k,t}|^2 L_1(x,y)}{w_1 N_0} \right) \quad (6\text{-}25)$$

其中:w_1 表示 sub-6GHz 频段 RB 所占用的带宽;$g_{k,t}$ 表示瑞利衰落信道;则 $p_{k,1} = \frac{P_1}{K_1}$,$P_1$ 为该频段的总发射功率,均匀分布于所有 RB;$L_1(x,y)$ 表示路径损耗,(x,y) 表示两个车辆用户的相对距离,即 $x = x_2 - x_1$,$y = y_2 - y_1$;N_0 表示加性噪声的功率谱密度。

毫米波频段通过波束成形技术形成定向波束补偿路径损耗,获得定向增益 $\psi(x,y)$,则业务 a 在毫米波频段上的可达传输速率可以表示为

$$R_a(t) = \begin{cases} \sum_{k=1}^{K_1} w_2 \log_2\left(1 + \dfrac{p_{k,2}\psi(x,y)|h_{k,t}|^2 L_2(x,y)}{w_2 N_0}\right), \rho_{at}=1 \\ 0, \rho_{at}=0 \end{cases} \quad (6\text{-}26)$$

其中:$\rho_{at}=0$ 表示当前毫米波链路未被阻挡,即存在 LOS 链路,$\rho_{at}=1$ 表示链路被阻挡,传输速率为 0;ω_2 为毫米波频段每个 RB 的带宽;$h_{k,t}$ 表示毫米波小尺度衰落信道,可采用 Nakagami 分布;$p_{k,2} = \dfrac{P_2}{K_2}$,$P_2$ 表示毫米波频段的总发射功率,均匀分布于所有 RB。

其次,构建两个业务集合 $G_{t,1}$、$G_{t,2}$。在时隙 t 时,调度中心收到需要进行数据传输的车辆请求,将轻量级业务(如安全信息、位置信息和传感器信息等数据包较小、对可靠性要求较高的业务)加入集合 $G_{t,1}$ 中,将高量级业务(如影音娱乐等数据包较大的视频流业务)加入集合 $G_{t,2}$ 中。此外,由于毫米波通信链路在高移动场景下易受到遮挡导致链路中断,因此,在传输高量级业务时会提前对链路阻挡情况进行判断,如果被阻挡可以选择切换至 sub-6GHz 频段传输或者进行多跳中继转发。定义 λ_1、λ_2 为每个业务集合中成功传输的业务数量,$b_a^{\text{req}}(t)$ 表示业务 a 在时隙 t 所需要传输业务的比特速率。

再次,建立频谱利用率最大化问题。建立的优化问题如下,

$$\max_{x_t, r_t} \frac{\lambda_1 b_{a,1}^{\text{req}}(t) + \lambda_2 b_{a,2}^{\text{req}}(t)}{K_1 \omega_1 + K_2 \omega_2} \quad (6\text{-}27)$$

其中,约束条件为:① 在 sub-6GHz 频段上 RB 被某一业务占用后不能重复占用,定义 $x_{akt} \in \{0,1\}$,其表示业务 a 在时隙 t 是否占用 RB k,即 $x_t \in X = \{x_{akt} \in \{0,1\} | \sum_{k=1}^{K_1} x_{akt} \leqslant K_1, \forall a \in G_{t,1}\}$;② 在 sub-6GHz 频段上每个业务 a 获得的传输速率大于其所需求的速率,即 $t\sum_{k=1}^{K_1} R_a(k,t) \cdot x_{akt} \geqslant b_a^{\text{req}}(t), \forall a \in G_{t,1}$;③ 在毫米波频段分配给业务 a 的时间 $t_{a,\text{mmW}} \in [0,T]$ 需满足 $r_t \in \Upsilon = \{t_{a,\text{mmW}} \in [0,T] | \sum t_{a,\text{mmW}} + |G_{t,2}|\tau' \leqslant T, \forall a \in G_{t,2}\}$,且毫米波频段业务 a 获

得的传输速率大于所需速率,即 $R_a(t)t_{a,\mathrm{mmW}} \geqslant b_a^{\mathrm{req}}(t)$;④当毫米波链路受阻且 sub-6GHz 频段资源占用率 $P_{\mathrm{occ}}(t) > \mathrm{Th}$ 时,应将此业务切换到 sub-6GHz 频段传输,即 $p_t \in P = \left\{\lambda_2 = f(\lambda_1) \mid P_{\mathrm{occ}}(t) = \dfrac{n(t)}{K_1} > \mathrm{Th}, \forall \lambda_1 \in G_{t,1}, \forall \lambda_2 \in G_{t,2}\right\}$。

最后,分析和解决上述优化问题。上述优化问题是一种典型的 NP-hard 问题,尽管具有等式或不等式约束的线性系统可以使用多项式时间算法求解,但在该最大化满足关系问题中是不适用的。本章提出一种新型调度框架,如图 6-12 所示,该框架根据不同业务 QoS 需求转换的内容感知信息分解该优化问题,将这一复杂的耦合求解问题转换为联合选择问题。sub-6GHz 频段的资源分配问题可以建模成一种博弈问题,采用双边稳定匹配算法可以实现业务和 RB 的稳定匹配;毫米波频段资源分配问题需要考虑通信链路的阻挡问题,进一步设计面向阻挡效应的多动态中继选择与数据传输策略,提高网络吞吐量;将以上两个子问题以迭代方式结合,构成联合选择算法的主体部分,并对迭代算法的收敛性做出分析。

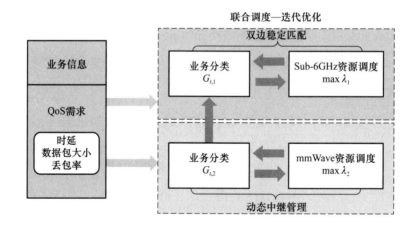

图 6-12　面向不同业务 QoS 需求的多频段资源协同调度框架

本 章 小 结

本章构建了融合毫米波与sub-6GHz多频段协同接入的新型网络功能架构,设计了MAC层融合的集成接口,在控制层面实现了毫米波与sub-6GHz资源的快速联合调度,提高了控制信令的可靠性,在数据层面联合调度毫米波与sub-6GHz异质资源,提高了网络频谱效率。在此架构下,本章分别研究了基于信道模型的传输中断概率和波束相干时间分析的多频段接入机制、sub-6GHz信道信息辅助的毫米波快时变信道估计及波束对准和面向不同业务QoS需求的高谱效多频段资源协同调度策略。

本 章 参 考 文 献

[1] GENG S, KIVINEN J, ZHAO X, et al. Millimeter-wave propagation channel characterization for short-range wireless communications[J]. IEEE Transactions on Vehicular Technology, 2008, 58(1): 3-13.

[2] ZHU Y B, ZHANG Z B, MARZI Z, et al. Demystifying 60GHz outdoor picocells[C]//Proceedings of the 20th Annual International Conference on Mobile Computing and Networking. ACM, 2014: 5-16.

[3] PI Z, KHAN F. An introduction to millimeter-wave mobile broadband systems [J]. IEEE Commun. Mag., 2011, 49(6): 101-107.

[4] XU Y, SHOKRI-GHADIKOLAEI H, FISCHIONE C. Distributed association and relaying with fairness in millimeter wave networks[J]. IEEE Transactions on Wireless Communications, 2016, 15(12): 7955-7970.

[5] YADUMURTHY R M, SADASHIVAIAH M, MAKANABOYINA R.

Reliable MAC broadcast protocol in directional and omni-directional transmissions for vehicular ad hoc networks[C]//Proceedings of the 2nd ACM International Workshop on Vehicular ad Hoc Networks. ACM, 2005: 10-19.

[6] MAESHIMA O, CAI S, HONDA T, et al. A roadside-to-vehicle communication system for vehicle safety using dual frequency channels[C]//2007 IEEE Intelligent Transportation Systems Conference. IEEE, 2007: 349-354.

[7] ROH W, SEOL J Y, PARK J, et al. Millimeter-wave beamforming as an enabling technology for 5G cellular communications: Theoretical feasibility and prototype results[J]. IEEE Communications Magazine, 2014, 52(2): 106-113.

[8] ALKHATEEB A, BELTAGY I, ALEX S. Machine learning for reliable mmwave systems: blockage prediction and proactive handoff[C]//2018 IEEE Global Conference on Signal and Information Processing (GlobalSIP). IEEE, 2018: 1055-1059.

[9] DEHOS C, GONZÁLEZ J L, DE DOMENICO A, et al. Millimeter-wave access and backhauling: the solution to the exponential data traffic increase in 5G mobile communications systems?[J]. IEEE Communications Magazine, 2014, 52(9): 88-95.

[10] DOFF A W, CHANDRA K, PRASAD R V. Sensor assisted movement identification and prediction for beamformed 60 GHz links[C]//2015 12th Annual IEEE Consumer Communications and Networking Conference (CCNC). IEEE, 2015: 648-653.

[11] HUR S, KIM T, LOVE D J, et al. Millimeter wave beamforming for wireless backhaul and access in small cell networks[J]. IEEE Transactions on Communications, 2013, 61(10): 4391-4403.

[12] GOTEFODE K, KOLHE K. Energy efficiency in wireless sensor network using fuzzy rule and tree based routing protocol[C]//2015 International

[13] SADIQ A S, BAKAR K A, GHAFOOR K Z. A fuzzy logic approach for reducing handover latency in wireless networks[J]. Netw. Protoc. Algorithms, 2010, 2(4): 61-87.

[14] HARADA H, SATO K, FUJISE M. A radio-on-fiber based millimeter-wave road-vehicle communication system by a code division multiplexing radio transmission scheme[J]. IEEE Transactions on Intelligent Transportation Systems, 2001, 2(4): 165-179.

[15] KRAJZEWICZ D, ERDMANN J, BEHRISCH M, et al. Recent development and applications of SUMO-Simulation of urban MObility[J]. International Journal on Advances in Systems and Measurements, 2012, 5(3): 128-138.

[16] ARAVIND A, TAHIR H. Towards modeling realistic mobility for performance evaluations in MANET[C]//International Conference on Ad-Hoc Networks and Wireless. Springer, 2010: 109-122.

[17] CHOFFNES D R, BUSTAMANTE F E. An integrated mobility and traffic model for vehicular wireless networks[C]//Proceedings of the 2nd ACM International Workshop on Vehicular Ad Hoc Networks. 2005: 69-78.

[18] TREIBER M, KESTING A. Microscopic calibration and validation of car-following models-a systematic approach[J]. Procedia-Social and Behavioral Sciences, 2013, 80: 922-939.

[19] PYUN S Y, WIDIARTI H, KWON Y J, et al. TDMA-based channel access scheme for V2I communication system using smart antenna[C]//2010 IEEE Vehicular Networking Conference. IEEE, 2010: 209-214.

[20] ZRAR GHAFOOR K, ABU BAKAR K, VAN EENENNAAM M, et al. A fuzzy logic approach to beaconing for vehicular ad hoc networks[J]. Telecommunication Systems, 2013, 52(1): 139-149.

[21] CHOI J, VA V, GONZALEZ-PRELCIC N, et al. Millimeter-wave vehicular

communication to support massive automotive sensing [J]. IEEE Communications Magazine, 2016, 54(12): 160-167.

[22] GIORDANI M, ZANELLA A, ZORZI M. Millimeter wave commu- nication in vehicular networks: coverage and connectivity analysis [J]. Cornell University Library, 2017, 80: 158-171.

[23] LI B, ZHOU Z, ZHANG H, et al. Efficient beamforming training for 60-GHz millimeter-wave communications: a novel numerical optimization framework[J]. IEEE Transactions on Vehicular Technology, 2013, 63(2): 703-717.

第 7 章
C-V2X 应用技术的发展趋势和挑战

7.1 发展趋势

C-V2X 通过提供信息交换和环境感知能力,成为从单车智能到互联智能的重要实现技术。如果车辆依赖单车传感(通常指雷达、激光雷达和摄像机)、智能(通常指车载计算平台)和通信(通常指 4G 通信模块),那么车辆将会出现以下问题[1]。

(1) 感知能力有限:这主要是因为若只具有视距感知能力,则在恶劣天气和光线剧烈变化时感知不强,以及难以实现时空同步。

(2) 计算能力有限:所有复杂的计算任务都是在板载计算平台上执行的,价格非常高但处理能力有限,无法进行批量部署。

(3) 通信能力有限:使用 4G 通信模块不能满足道路安全应用的低延迟、高可靠性的要求,也不能为高清地图(HDM)、虚拟现实(VR)和增强现实(AR)应用提供足够的数据传输速率。因此,单车智能无法实现完全自动驾驶。

C-V2X 与 MEC 等其他 5G 网络技术一起,可以实现从单车智能到互联车智能的演进,即车辆与 MEC 主机连接完成协同决策和控制。C-V2X 可为数据传输、计算任务传输、决策结果传输和控制指令传输提供低时延和高可靠性的通信。

通过使用车辆与道路上其他不同元素之间的 V2V、V2I、V2P 和 V2N 通信,协同感知成为可能。MEC 得益于 C-V2X 的基础通信能力,能够提供强大的协同计算/存储能力,扩大信息传播范围。

因此,可以预见 C-V2X 的应用将经历如下 3 个阶段,如图 7-1 所示。

第一阶段:提高交通效率和道路安全性。在这一阶段,C-V2X 提供车-车、车-路的协同感知能力。

第二阶段:商用车辆(如重型卡车)自动驾驶。C-V2X 基于部署在工业园区、港口、码头、矿区等封闭区域的 MEC 能力,为在这些封闭区域低速行驶的商用车提供协同决策和控制能力。

第三阶段:乘用车自动驾驶。C-V2X 和 MEC 的广泛应用为在开放路段高速行驶的乘用车提供协同决策和控制能力。

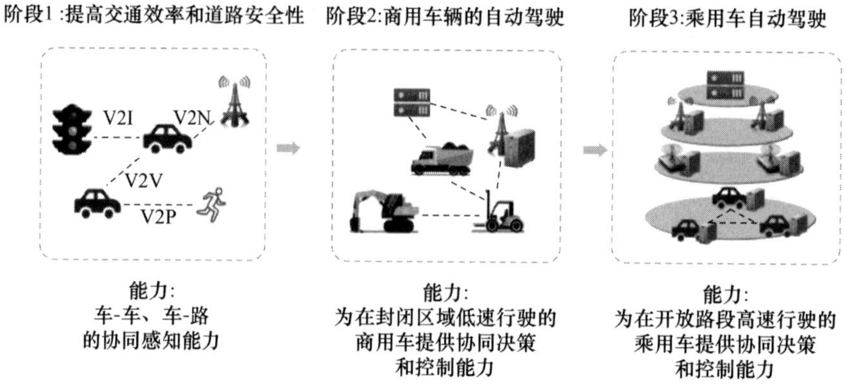

图 7-1 C-V2X 的设想应用阶段

7.2 挑　　战

在 C-V2X 的未来发展及其在自动驾驶和智能交通系统中的应用中,需要解决以下技术难题。

1. 与 MEC 的集成

MEC 是 5G 中很有前途的技术之一。MEC 将计算和存储资源推到网络边缘,"更接近"用户,从而增强了移动终端的能力。同时,MEC 可以满足低延迟、高可靠性、高传输效率和部署灵活性等苛刻要求。

C-V2X 与 MEC 的集成可以为车载网络提供通信-计算-存储的融合,从而为交通信号控制、拥塞识别与分析、实时 HDM 加载、路径规划、异构数据融合等潜在用例提供支持[2-4]。在这些高级应用中,需要执行计算密集型或数据密集型任务,如大数据分析、数据挖掘、深度学习。C-V2X 与 MEC 的集成是这些用例的最佳选择,避免了以云为中心的解决方案的高通信和计算延迟,从而满足了 C-V2X 应用的低延迟和高可靠性的要求。

为了实现通信-计算-存储资源的高效融合,C-V2X 与 MEC 集成的技术挑战包括多种资源的动态部署和联合调度、计算卸载决策、通信交接,以及高移动性场景下的计算迁移。此外,C-V2X 技术的互操作性和符合性至关重要,ETSI、3GPP、5GAA 等多个关键标准化组织都在关注测试和验证 MEC 技术,以促进不同 MEC 系统中参与 C-V2X 应用的通信。

2. 信道建模

在车载通信中,信道建模是通信系统设计和性能评估的基础。然而,由于其独特的传播条件,C-V2V 信道与蜂窝通信信道相比,具有明显不同的传播特性。在 C-V2V 通信中,发射机和接收机都具有高移动性。此外,其周围可能存在大量正在移动的散射体。因此,车载网络的无线信道一般具有以下特征:大且时变的多普勒频移、深度衰落(即在很大比例的情况下出现"比瑞利更糟"的衰落)以及空-时-频域的非平稳性特征。

综上所述,车辆网络信道建模面临的挑战包括混合统计几何建模、毫米波(mmWave)波段的时变车辆信道测量和建模、空-时-频域的非平稳信道表征和建模、多路径组件的跟踪和动态聚类,以及基于机器学习的信道预测。

3. 基于 5G 增强技术的高精度定位

车辆驾驶决策需要非常高精度的定位。例如,对一辆每秒行驶 28 m 的汽车来说,一旦定位偏差较大,车辆的安全性就难以保证。只有依靠高精度的定位,才能保证驾驶和决策的安全。5G 采用了多天线技术,其定位能力大大提高。在 5G 网络中,HDMs 可以快速更新。利用实时运动学(RTK)定位和惯性导航定位技术,车辆的定位精度可达到厘米级。同时,利用 C-V2X,可以实时交换车辆之间的位置信息,以保证车辆在多车环境中的相对定位能力。总之,在5G C-V2X 的条件下,可以利用多种定位技术的融合,实现可靠、稳定、高精度的定位。

虽然基于 5G 的高精度定位有良好的前景,但在目前的 3GPP 标准中,没有明确定义 5G 的高精度定位标准,而 RTK 由于价格较高不适合大规模应用。此外,目前还缺乏切实可行的相对定位技术。相对定位技术可以大大降低车辆定位成本,可以使用 RSU 或路边 5G eNB 对该区域的车辆形成高精度定位。

4. 雷达和 C-V2X 通信系统的集成

传统上,雷达和通信系统通常是孤立地发展起来的[5]。在车载网络中,同时需要数据交换和目标检测。目前绝大多数的汽车雷达和未来的 C-V2X 通信系统都工作在毫米波波段,雷达-通信系统的集成与协同设计成为具有前景和挑战性的技术之一[6]。该集成系统将频谱资源与硬件资源相结合,具有成本低、体积小、频谱效率高等优点。不同雷达的检测结果可以根据通信能力进行共享和联合处理,以提高检测精度,实现汽车应用的综合环境感知。

雷达-通信系统的集成与协同设计还面临着各种技术挑战。C-V2X 通信系统与雷达对调制、带宽和电路的要求不同。因此,为了实现 C-V2X 通信系统与检测的集成,需要进行在毫米波波段上的联合波形设计和信号分离、基于通信波形的雷达回波定位和极高精度的时间同步。另外,多种汽车雷达间的检测结果共享和联合处理仍需要解决高数据传输速率、低延迟传输、通信对等点间的协调对齐、通信/雷达波束形成等问题。

本章参考文献

[1] YUAN W, WEI Z, LI S, et al. Integrated sensing and communication-assisted orthogonal time frequency space transmission for vehicular networks[J]. IEEE Journal of Selected Topics in Signal Processing, 2021, 15(6): 1515-1528.

[2] SOPHIA A, 3GPP. Study on enhancement of 3GPP support for 5G V2X services[EB/OL]. https://www.3gpp.org/ftp/Specs/archive/22_series/22.886/.

[3] FERDOWSI A, CHALLITA U, SAAD W. Deep learning for reliable mobile edge analytics in intelligent transportation systems: an overview [J]. IEEE Vehicular Technology Magazine, 2019, 14(1): 62-70.

[4] MUNICH, Germany. Toward fully connected vehicles: Edge computing for advanced automotive communications [EB/OL]. https://portal.etsi.org.

[5] CHIRIYATH A R, PAUL B, BLISS D W. Radar-communications convergence: Coexistence, cooperation, and co-design[J]. IEEE Transactions on Cognitive Communications and Networking, 2017, 3(1): 1-12.

[6] DOKHANCHI S H, MYSORE B S, MISHRA K V, et al. A mmWave automotive joint radar-communications system[J]. IEEE Transactions on Aerospace and Electronic Systems, 2019, 55(3): 1241-1260.